U0474553

土地股份合作社

“三权分置”视角下农民土地权益保护研究

肖端 /著

西南大学出版社
SWUP 国家一级出版社 全国百佳图书出版单位

图书在版编目(CIP)数据

土地股份合作社"三权分置"视角下农民土地权益保护研究 / 肖端著. -- 重庆：西南大学出版社，2023.6
ISBN 978-7-5697-0368-9

Ⅰ.①土… Ⅱ.①肖… Ⅲ.①农村—土地—权益保护—研究—中国 Ⅳ.①F321.1

中国版本图书馆CIP数据核字(2020)第133596号

土地股份合作社"三权分置"视角下农民土地权益保护研究

肖　端　著

责任编辑：雷　刚
责任校对：赖晓玥
装帧设计：魏显锋
排　　版：瞿　勤
出版发行：西南大学出版社（原西南师范大学出版社）
　　　　　地址：重庆市北碚区天生路2号
　　　　　邮编：400715
印　　刷：重庆市圣立印刷有限公司
幅面尺寸：170 mm×240 mm
印　　张：9.25
字　　数：155千字
版　　次：2023年6月 第1版
印　　次：2023年6月 第1次印刷
书　　号：ISBN 978-7-5697-0368-9

定　　价：46.00元

前言

2017年中央一号文件明确提出:“深化农村集体产权制度改革。落实农村土地集体所有权、农户承包权、土地经营权‘三权分置’办法。加快推进农村承包地确权登记颁证,扩大整省试点范围。”2018年中央一号文件又明确提出:“完善农民闲置宅基地和闲置农房政策,探索宅基地所有权、资格权、使用权‘三权分置’,落实宅基地集体所有权,保障宅基地农户资格权和农民房屋财产权,适度放活宅基地和农民房屋经营权。”2019年中央一号文件再次提出:“完善落实集体所有权、稳定农户承包权、放活土地经营权的法律法规和政策体系。”

从2017到2019年,连续三年的中央一号文件持续聚焦农村“三权分置”改革实践这一涉及农业、农村、农民核心利益的重大问题,可见妥善处理农村土地“三权”之间的相互关系,保障农民在土地承包权和经营权分离时所应享有的土地权益不受侵害,巩固和完善农村土地制度,探索“三权分置”的各种表现形式,诠释各种农村新型经济主体的内在运行机制,是一项长期而重要的任务。

目录

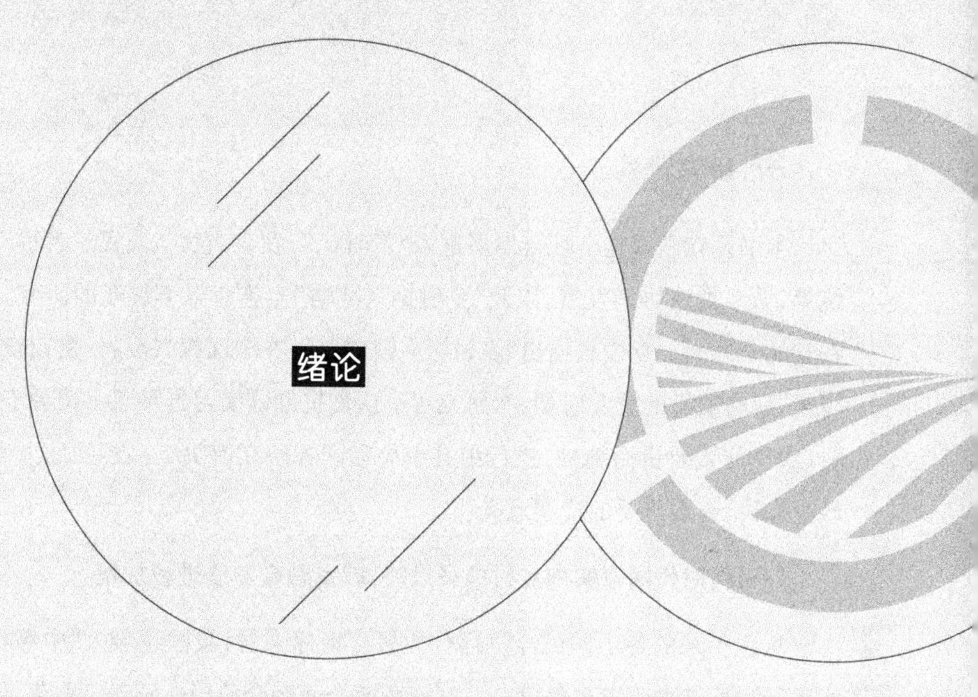

绪论

绪　论

一、研究背景

本书是在国家经济社会发展进入"新时代",农业、农村、农民三者进一步得到统筹,城乡加快协调发展,以及"乡村振兴战略"实施背景下展开的研究。特别是在党的十九大上党中央提出"乡村振兴战略"后,在全面振兴乡村、贯彻新时代"两步走"战略安排的重要时期,本研究对于认真贯彻落实习近平总书记关于农业、农村、农民的重要讲话精神,执行中共中央和国务院在解决"三农"问题方面的具体政策来讲,有着重要的现实意义。

(一)新时代国家实施乡村振兴战略,城乡融合发展进程加快

从近年来的各项国民经济运行的核心指标来看,我国正步入"中等收入国家水平"阶段,这一阶段也是第一、二、三产业全面融合阶段。随着工业化、信息化加快发展,城乡一体化的快速推进,一方面,现代农业、综合农业发展得到了更多资金、技术方面的支持,获得了前所未有的外在优质条件,为发展适度化、规模化、机械化的现代农业提供了现实基础;另一方面,虽然城乡一体化推动了现代农业的发展,但在现实发展中,工业从农业、农村、农民中获取的过量资源和收益还没有完全反哺给"三农"。与此同时,土地资源、自然资源在国民经济中的重要性日益凸显。随着生态文明建设被纳入"五位一体"总体布局,农业、农村的资源,特别是土地资源这一关系到国民经济命脉的核心生产要素,在新时代的国民经济和社会发展中必须得到进一步的有效保护和合理利用。从这一角度看,各级政府如何科学认识与"三农"相关的各类资源,并予以合理保护和有效开发,以实现可持续发

展,是一项既有难度又具有重要现实意义的经济社会课题。

(二)乡村振兴战略实施过程中产业振兴的紧迫要求

改革开放四十余年来,随着市场经济的逐步完善,农业在第一、二、三产业中的占比越来越低。这一方面说明了我国的经济结构正日益优化;另一方面在居民生活消费水平不断提高的背景下,我国农业在产业结构中的占比呈下降趋势,说明农业产出的效率和质量正日益提高。但是,因我国幅员辽阔、人口众多的特殊国情,农业在国计民生中始终应当占据重要席位。随着城乡一体化的快速发展,农业现代化的进程还不能完全满足产业结构调整和经济社会发展的需求。在当前,农业适度规模化、机械化还面临着农业劳动力下降、农业生产成本增高、抗风险能力弱、市场竞争力不强、农产品生产率低等问题。所以,必须加快对传统的农业经济生产模式进行现代化的改造,从而增加土地产出,提高农产品附加值,使农业由大变强,也为国计民生提供可靠支持。通过土地股份合作社这一新型组织为推进农业现代化提供新的动力,是本研究的重要现实背景。

(三)耕地资源保护与充分合理利用的需要

改革开放以来,特别是21世纪以来,我国的人口流动日益加快,大量农村劳动力从农业中转移出来,流动到城镇和城市中从事第二和第三产业。客观来说,农民从事农业生产的经济收益跟不上第二、三产业从业人员的收益,同时又面临着农业生产成本增加(如各类农业生产加工所需的原材料、工具等的价格上涨)、农业生产所面临的自然灾害风险仍然偏高等因素,很容易造成农民虽已无力经营承包地但碍于各方面考虑也不放弃土地,使得农村中土地撂荒和土地原始性、野蛮式耕种成为普遍现象,这在很大程度上造成了宝贵的耕地资源的闲置与浪费。在后备耕地资源不足,需要确保18亿亩耕地红线的前提下,如何充分有效地利用现有耕地资源,保障“三农”的稳定发展,就构成了本研究的经济社会背景。

(四)城乡一体化进程中的农民相对弱势地位亟待改变

近年来,农民在向城镇转移的过程中,无力或者不愿再经营农村承包地的现象较为普遍,农村土地流转就成为一种新需求。但在土地流转过程中,部分地方出现了违背农民意愿、有损农民利益、违背社会稳定要求的不合理现象。在新时代,各级政府为了推进实施乡村振兴战略,遵循中央意见推行"三权分置"土地改革,稍不注意就很容易在推进过程中导致农民失去土地经营权,加剧农民"离农离粮"现象,诱发社会矛盾。同时,在城乡一体化进程中,农民仍处于相对弱势的社会地位,其所应有的各项合法权益需要政府和社会予以保护和支持。随着社会公平正义理念不断深入人心,农民也越来越重视自己的农村土地权益。因此,保障农户的土地权益不受侵害,维系农村社会和谐,是本研究所立足的社会现实基础。

(五)我国的粮食生产安全还存在一定的隐患

我国虽然幅员辽阔,土地资源丰富,但是由于人口基数大,人均可利用的耕地资源放在全球范围来看仍属于紧缺状态。同时,与农业生产相关的其他资源(如水资源等)也面临不足,我国每年仍需进口一定数量的粮食才能充分满足人民群众对美好生活的需求。但客观地说,靠进一步扩大耕地面积增加粮食产量,早已不现实。在粮食作物、经济作物等农产品的单产量上要有大的突破,既需要科学技术的支持,也需要时间。因此,我国的基本国情和新时代经济社会发展需求,都决定了我国的粮食生产必须掌握在自己手里。如何保障我国的粮食生产安全,守护好耕地红线,这是本研究必须要面对的现实背景。

(六)乡村振兴战略实施的必然要求

党的十九大报告提出要实施"乡村振兴战略",这是以习近平同志为核心的党中央统筹城乡一体化发展,协调推进农业、农村、农民共同发展的重大理念和战略决策。特别是从2017年以来连续三年的中央一号文件都聚焦"三权分置"土地制度改革,思考巩固和完善农村土地制度,以产业振兴、产业兴旺来带动"三农"的发展,这就是本研究的理论背景。

二、研究意义

本书是关于在土地股份合作社“三权分置”视角下，如何对农民土地权益进行合法保护的研究。

其一，本书在新时代“三权分置”政策推动的视角下，以农村集体经济组织相关主体权益关系为依据，分析新型集体经济组织创新模式的产生和发展、运行机制和内在博弈关系；以目标任务为根据，研究其创新模式的主要运行机制及重点领域；以手段选择及应用为切入点，探寻其创新模式的有效机制。本书通过对其创新模式构建中应当依靠谁、应当解决什么及突出哪些重点、应当采用哪些手段、应当形成何种机制使新型集体经济组织更为有效等问题的分析论证，可以对土地股份合作社这类兼具合作制和股份制特征的经济组织的模式创新问题做出理论解释，在“三权分置”的理论研究方面增加新的内容、进行新的探索。

其二，本书紧紧围绕农村承包地流转的创新模式，归纳现阶段各种类型的集体经济组织的创新模式，研究其农业生产经营组织主体权益关系、收益分享机制等主要内容，而这些内容所涉及的正是土地股份合作社这一新型农村合作经济组织正常运行和顺利发展的重大问题。相关主体的权益制衡是保障合作社成员的权益及防止少数人控制合作社的关键；在促进农业发展乃至实现乡村振兴中，产业振兴是合作社巩固和壮大的基础；农业生产经营的组织创新和方式变革是合作社发展的保证；收益的合理分享是合作社成员公平获取经济利益的保障。研究这些问题，可以为土地股份合作社“三权分置”理论在思路完善、工作重点确定、手段选择、规制构建等方面提供建议，从而为其进一步发展提供服务。

三、研究对象

本书在土地股份合作社“三权分置”视角下，对各级政府如何保障农民土地权益进行了研究。土地股份合作社主要是以双重委托—代理制为基础的合作社，符合“三权分置”政策，由农户自发组织、建立，以流转土地经营权作为股权入股的农村新型集体经济组织。它不包括政府和其他公共机构利用行政权力和行政手段组建的其他类型合作社，也不包括工商业"帮助"农民组建的合作经济组织，还不包括非农生产经营的合作社(无论是否由农户自愿互利组建)。基于这些视角，本书侧重对加入土地股份合作社农户的基本土地权益的保护策略进行了研究。

四、研究方法

(一)归纳演绎法

以土地制度、制度创新、委托—代理、博弈论等理论为依据，本书根据各类农村合作经济组织创新的案例资料，归纳新型合作经济组织特别是土地股份合作制度创新模式的产生和运行机制，演绎其内在治理机制，总结其内在博弈关系、效能和收益分析。

(二)统计分析法

本书根据各类农村合作经济组织土地流转的方式，应用统计分析法研究流转的内在动因。本书分析了双重委托—代理委托—代理土地股份合作社的运行机制，总结其保障农民土地权益的方式与方法，同时与其他类型的农村合作经济组织进行比较，在"三权分置"视角下评估其创新机制、收益成效。

(三)数理模型法

本书应用数理经济模型，研究了农户加入土地股份合作社的行为选择、主体权益博弈均衡关系，研究了双重委托—代理委托—代理土地股份合作社的利益联结机制，分析了其相关主体的收益分配原则。本书应用博弈模型，研究了土地股份合作制度创新模式，分析了三方博弈中的协调与匹配关系，研究了双重委托—代理土地股份合作制度创新的利益分享与均衡规则。

五、研究目标

本书是关于在土地股份合作社"三权分置"视角下，如何对农民土地权益进行合法保护的研究，旨在妥善处理"三权"的相互关系，保障农民的土地权益不受侵害，不断探索和丰富“三权分置”的各类具体实现形式。同时，通过分析土地股份合作社这一新型农业生产经营组织模式的管理与运行，促进其充分有效地整合农业资源，以乡村振兴战略的实施为契机，以推动产业兴旺为目的，促进农业产业适度规模化、现代化发展，并带动新型集体经济组织发展，从而增加农民收入，保护农户合法权益及协调利益联结关系，使其有效运行和健康发展。

具体研究目的有以下三个：

1.分析土地股份合作社的权益主体及权益关系，探索其创新模式的主体及参与管理的动力来源，解决“由谁管理”及“管理谁”的问题。

2.界定土地股份合作社创新模式的主要目标和任务，并据此提出其创新模式的具体内容和重点，解决创新模式是什么的问题。

3.研究土地股份合作社创新模式的手段选择与应用，探寻适合这一生产经营组织特点的内部机制，解决如何在不侵害农户权益的前提下让农户增收，实现产业振兴的问题。

六、理论来源

（一）土地制度理论

乔治·斯蒂格勒认为，消费者获得商品质量、价格和购买时机的信息成本过大，使得购买者既不能也不想得到充分的信息，从而造成了同一种商品存在着不同价格。“三权分置”最终的目的就是为了实现乔治·斯蒂格勒所说的“组织主体的创新”，这与约瑟夫·熊彼特所提出的“产品、技术、组织和市场都可以创新，只要能够使一个经济体的要素优化，产生更高的经济效益都能够创新”这一观点类似。

罗纳德·哈里·科斯认为，制度创新可以减少社会交易成本，提高经济效益；奥尔斯顿、利贝卡普和缪勒从制度创新的路径规范土地产权制度，从而提高社会效能、增加生产的角度阐明观点；而布莱恩·阿瑟表达了“路径锁定”会引起固有思维，存在利益消退风险，需提升创新思维的观点；霍夫曼提出怎样从税收制度的固有模式中发生创新性的改变，获得成效。

在土地制度改革研究领域,1970年马卜贡杰以"推—拉"理论开启了乡村发展的土地制度改革研究,但他着重于城市与乡村的互动实现,而土地制度改革只是其理论的一小部分,并没有上升到专注于乡村土地制度改革的理论高度。

"刘易斯—费景汉—拉尼斯"模型虽然涉及一些关于乡村土地制度改革的影子,但并未实质性地提出相关研究课题。

托马斯·斯彭斯在1775年的《土地私有制的不公正》及威廉·奥格尔维在1882年的《土地所有权论》中真正涉及土地制度改革,他们都主张土地公有化,对于公有化后的机制、路径、形式与其他所有权的处置等方面却都没有深入研究,只是笼统地提出"土地上的一切自然物都应由居住在该土地上的人们共同享有"。这一观点在实践中一旦遇到瓶颈,就会遇到与现代中国非常相似的问题。至于约翰·穆勒、亨利·乔治等人的"地租共有论",只是作为一种农业发展路径,没有涉及乡村振兴计划,则根本不适合目前中国乡村的现状。

(二)制度创新理论

在"三权分置"视角下,双重委托—代理委托—代理土地股份合作社等集体经济组织的创新模式符合制度创新理论,同样遵循制度创新的内在动因和动力来源。只有对利益的追逐才能推动制度创新,这和科斯、德姆塞茨、巴泽尔、阿尔钦等一大批经济学家关于制度创新理论的观点不谋而合。

本研究主要采纳诺斯的制度创新观点——"某种制度创新能给相关主体带来潜在利益时,这些主体就会主动加以推动,促进新制度对旧制度的替代",以此作为全书的制度创新理论着眼点。

同时,本研究还采纳了国内众多学者对制度创新的核心观点。如陈会广(2009)认为农村土地产权不清的原因是土地流转过程中为了节约交易费用而存在的多种转让形式,从根本上解决该问题需要从政策上允许分离土地承包经营权,以土地经营权入股的创新制度设计来实现。解安(2010)赞同政府规制要着眼于创新思维和实事求是作风,通过适宜的创新模式因地制宜地制定相关政策,如南平机制。罗必良(2014)认为农业的规模化、现代化发展应当以第一产业、第三产业融合发展为目标，不是盲目过度地集约土地来改善小作坊式的家庭经营模式，而是更应该注重分工活动。温铁军(2014)强调，土地规模化的制度创新还是离不开各级政府的宏观调控，这样的调控才符合中国的国情。陈锡文(2014)从合作经济组织的运行机制、产权归属、效益分析、均衡关系等方面讨论土地产权制度创新的必要性。刘茂松(2014)、刘淑俊(2014)等认为从小作坊式的家庭联产承包制到以互惠互利为基础的稍具农业现代化雏形的农民合作经济组织，是我国土地经济体制改革的重要创新。韩俊(2014)则强调农民的土地权益保障需要从法理层面制定专门的产权制度，这种制度创新才能有效地实现农民土地权益不受侵害。

(三)委托—代理理论

双重委托—代理是研究新型合作经济组织制度创新的一大亮点。本研究中的双重委托—代理是在借鉴让-雅克·拉丰的《激励理论(第一卷):委托—代理模型》基础上的延伸。

让-雅克·拉丰的《激励理论(第一卷):委托—代理模型》认为:“当一个委托人向代理人委派任务时，激励问题就产生了。之所以有代理的出现，是因为存在劳动分工代理的收益递增，或者委托人没有时间或者能力独自完成任务。”创新模式中表现为农民由于自身存在局限性，且因受教育面窄等问题缺乏远见，因此没有能力靠自身使得收益递增，迫使他们需要相互联合或者依赖村集体经济组织，使“委托人最大化自己的贝叶斯期望效用，在设计代理人的支付规则时，委托人最先行动，这就使得双方的关系成为一个不对称信息下的斯特克尔伯格对策，委托人预期了代理人后续反应行动并在所有可行的契约中选择最优的契约”。

农户在市场经济的主导下，离开土地从事其他较农业生产收入更高的行业，又或者无力经营承包地，但并不想完全失去土地，因此根据土地收益获取固定的基本收益和增收部分的超产分红已经是最优方案。但这并不代表“事前契约必须保证期望信息租金不能为负，而委托人的目标函数是代理人期望信息租金的减函数”的实际情况。所以，农户更愿选择让自身更加信服的由村集体经济组织成立的双重委托—代理合作社，将土地经营权流转给村集体，村集体再整合土地资源委托给职业经纪人，从而实现适度规模化的现代化农业生产，提高效益。另外，所谓“当代理人高效时，他就会得到奖励”，即超产收益和政府生产补贴，但同样不能脱离制度的规制。至于“为了使契约能够执行，必须要求强有力的司法保障”，则是指各级政府在具体实施过程中起着非常重要的指导和监管的作用，村支两委也是双重委托—代理委托—代理土地股份合作社人力资源的重要组成部分，这也符合中国国情。

（四）博弈论

博弈论，又称为对策论、赛局理论等，其作为现代数学的一个新分支，也是运筹学中的一个重要学科。博弈论主要通过研究各相关主体的利益诉求，通过利益连接点，构建相关主体之间具有斗争和共存性质的数学理论和方法。博弈论考虑相关场景内各主体的预测行为和实际行为，以利益连接点为优化策略的核心点。

本研究主要运用了博弈论中的合作博弈类型。在本研究的创新模式中，无论是委托人还是代理人，都有自己的权益目标和利益追求。入社农户、土地股份合作社、职业经纪人之间的两两博弈，既保障了农户的合理土地权益不受侵害，获得增收，又达到了发展合作社、巩固村集体经济的目的，还能使职业经纪人获得稳定的生产经营利润，从而达到三方共赢的局面。

七、研究现状

黎平（2015）从制度德性角度分析，认为集体化思路是最优选择。杨玉珍（2016）提出，我国农村存在“被建构”的农地制度和“被执行”的农地制度，进而研究农地制度被建构、被执行的路径、原则，分析被建构制度与被执行制度的关系、两者规则的碰撞。张克俊（2016）认为，稳定承包权，把经营权从承包经营权中独立出来使之放活，实现了农业的规模经营。吕军书、贾威（2017）认为，工商资本应当承担一定的社会责任，政府主导宏观调控，增强土地流转合约的约束力，加强土地流转用途的规范和监督，从而建立健全土地流转履约相应的规范性法律法规。

刘守英(2017)认为,中国经济高速增长与结构快速变革重组的推动器离不开土地制度的革新,由此形成的“以地谋发展模式”又成为拖累经济转型的重要制度性障碍。冯广京(2018)、谢莹(2018)、王睿(2018)、陈汉(2018)、杨红朝(2018)认为,我国实施乡村振兴战略的内在逻辑是人与资源特别是土地资源的关系及其优化,乡村振兴的关键是发挥市场在资源配置中的决定性作用和正确发挥政府的作用,其抓手是以土地制度为核心的制度创新和建设。肖建飞、任志军(2018)的结论是,当下农村土地集体所有权如何确定相关主体,相关主体的具体权能如何分配,如何妥善处理好农村土地所有权长久不变中存在的“生不补死不退”现象,都是亟待研究和解决的现实问题。曹湧(2019)认为,制度变迁中存在“路径依赖”现象,应该对经济内卷化、政权内卷化、阶层内卷化进行多维度的防范策略选择。郑沃林和胡新艳(2019)认为,重庆市和成都市地票制度的突出特点是将农村低效土地转化为城市建设可利用的发展空间,并通过整治农村低效建设用地腾出建设用地指标来满足农村发展。这些文献并没有关注或者预测到类似双重委托—代理委托—代理土地股份合作社作为新型集体经济组织的发展壮大迫切需要的政策供给,不得不说是一个遗憾。

2010年之前,中国学者对乡村土地制度改革多有论述,如1987年的文迪波、1989年的周诚、1999年的李再杨和马立国等、2003年的韩俊、2005年的高慧琼和徐斌(着重于林权的土地制度)、2009年的蔡继明、2009年的蒋占峰等学者对乡村土地制度改革关注较早。但是,因为社会变迁等情况,乡村土地制度改革的要素发生了巨大变化,过往的部分研究结论与现行乡村振兴需求有重大差距甚至相背离。

从2010年开始,对乡村土地制度改革的研究逐渐贴近现实需求,进一步推动了乡村土地制度改革的大量思考与实践探索。如刘金辉(2013)的乡村土地产权制度改革研究上升到了城镇化的视角;贾康(2015)等以“中国新型城镇化进程中土地制度改革难题破解路径”为题,实质上越来越走向与党的十九大以来振兴乡村与乡村土地制度改革相一致的研究课题;杨宽欣(2015)提出了将乡村土地经营权交给农业经营公司的改革想法。

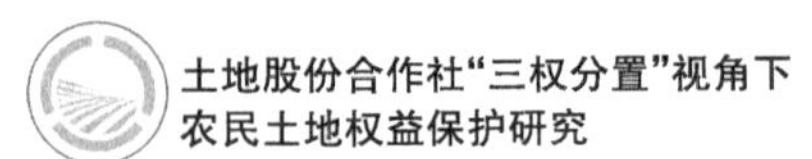

土地制度改革领域研究最深刻的阶段是在党的十九大(2017年)以后,中央明确提出乡村振兴战略与乡村土地制度改革一并思考、推进与实施。这时候大量学者对该课题进行了深入且卓有成效的研究。

例如,桂华(2017)专门就乡村土地制度与村民自治的关联进行了深入探讨,这在另一个层面上提供了一个新思路。宋立军(2017)、张占耕(2017)认为,三权分置土地制度改革中,所有权基本不变,本质上是劳动生产方式与分配方式的改变,目的是让农民在土地流转中间获益,但其整个研究没有提出实质性的创新措施,也没有上升到乡村振兴计划的视角上来。夏柱智(2017)通过33个试点的资料得出了应慎重稳妥地推进改革的结论,这倒是给现行土地制度改革方兴未艾之势略微泼了一点冷水,让大家能够冷静思考如何推动乡村土地制度改革。唐忠、王晓睿(2017)等深入探讨了"三权分置"的内涵是什么,到底怎么样理解和应用,这对现行乡村土地制度改革有着不同寻常的意义,既能防止左,也能有效遏制右的思想突变。詹国辉、张新文(2017)从传统村落的共生性发展入手探讨了乡村振兴的一些思路,小口径式的研究方式虽然在执行乡村振兴战略时略显单薄,但思路还是值得借鉴的。杜伟(2018)等人在《关于乡村振兴战略背景下农村土地制度改革的思考》中,提出优化和细化乡村承包地"三权分置"制度。党国英(2018)认为实现城乡融合发展,振兴乡村,要转变城乡社会治理模式和土地产权的变革,把土地制度改革与乡村振兴有效结合起来。杨瑜婷、何建佳、刘举胜(2018)则从供销合作社合作的企业行为如何有效推动乡村振兴、推动乡村产业化发展进行分析,却没有落脚于土地制度改革。谭鑫、王思惠(2018)从农业供给侧结构性改革的角度论证了如何为乡村振兴提供新动能,没有深入到土地制度的改革视角。刘升(2018)倡导利用城市相对健全的经济社会结构,通过将乡村的生产生活要素嵌入城市的产业体系、消费市场和基础服务体系的嵌入性方式低成本快速实现乡村全面振兴。熊小林、万俊毅、曾丽军、周文良(2018)总结了乡村振兴战略研讨会上如何振兴乡村的6个观点。周立(2018)提出了百年乡村振兴实践的三个阶段,并对每个阶段的具体措施和影响进行了归纳分析,很符合国家乡村振兴计划的实施思路。不过按照目前中国的发展态势,差不多10年就会出现一个新态势,乡村振兴战略的演化估计2030年就是另外一个格局。郑瑞强、翁贞林、黄季焜(2018)对“新时代实施乡村振兴战略与深入推进农业供给侧结构性改革”高峰论坛的会议内容进行了综述,主要强调了通过城乡融合、要素配置与制度安排来振兴乡村。张军(2018)论述了乡村价值论与乡村振兴的关系。叶兴庆(2018)提出了乡村振兴战略论纲。郭翔宇(2018)提出了只有农业现代化才能振兴乡村。李国祥(2018)认为振兴乡村是解决“三农”问题的重大战略。等等。

学者们对乡村振兴的研究方兴未艾,他们从不同的视角针对乡村振兴提供了不同的思路和智慧,比较匮乏的是如何以土地制度改革推进乡村振兴计划,包括两者互动的路径、方式、载体、效应等。当然,在学界还有不少学者在农村土地制度改革研究上进行了卓有成效的探索,按照合并同类项原则,没有一一列举。

第二章 农村集体土地家庭承包经营制的演变

第二章　农村集体土地家庭承包经营制的演变

农村土地的股份合作经营是在土地家庭承包经营制的框架内形成的。正是农村集体土地家庭承包经营制的演变才催生了包括土地股份合作在内的土地经营制度的变迁。对土地家庭承包制实行30余年以来的演变进行梳理，可以更好地认识和解读近年在农村出现的土地股份合作经营现象。

一、农村土地所有权及经营权的演变

（一）农村土地由私有向集体所有的转变

1949年10月1日中华人民共和国成立，全国（部分少数民族地区及未解放的台湾除外）随即开展了土地改革运动，政府没收地主的土地（为其保留了一份土地）和富农多余的土地，将其无偿分给无地和少地的贫苦农民，并以中央政府的名义为农民颁发了土地所有权证，以强制性制度变迁实现了“均田”和农民对土地的私有。在随后的农业初级合作阶段，农民以私有财产土地入股，在合作社的收入分配中可以分享红利。

在20世纪50年代中期，由政府推动的高级农业生产合作社运动兴起，将行政村内的所有（或几个）初级合作社联合成立为农业生产高级合作社，原有的初级合作社成为其中的生产队，农民的私有土地也陆续交归高级合作社集体所有，农民从此失去了土地的私有权。1958年的人民公社化运动，以原有乡为单位建立政社合一的人民公社，原有的村级高级合作社成为人民公社的生产大队，其下又分为若干生产小队（简称“生产队”），农村土地又收归公社所有，但由生产大队经营（个别的由公社统一经营）。

20世纪60年代初的经济困难使人民公社管理体制得到调整，推行“三级所有，队为基础”，农村土地在事实上归生产小队所有并由其经营。

20世纪80年代初，人民公社解体，乡镇、行政村、村民小组的建制恢复，即乡镇取代了原来的人民公社，行政村取代了原来的生产大队，村民小组取代了原来的生产小队，农村土地的集体所有基本沿袭了人民公社时期“队为基础”的规定。

(二)农村土地由个体经营向集体经营的转变

土地改革之后，农民获得了属于自己的一份土地，以家庭为单位从事农业生产经营，生产什么、生产多少根据家庭需要和市场行情由农户自主决定，种子、肥料等生产资料主要靠农户自己筹集，农事活动主要靠农户家庭的劳动力独立完成，剩余农产品由农户在市场上自由销售。农户虽独立生产经营，但在农忙季节农户间有换工互助行为，小型农田水利等公共设施建设及维修由农户出工共同完成。

在初级合作社阶段，土地虽仍属农民私有但是已折股入社，由合作社统一生产经营。生产计划由合作社制定，生产资料由合作社统一筹集，农事活动由合作社调配社内劳动力完成，收入由合作社按社员的劳动量和入社资产(土地、耕畜、农具等)分配，剩余农产品由合作社统一销售。

在高级合作社阶段，农民的土地已归合作社所有，土地由高级合作社统一生产经营或由下属生产队生产经营。生产计划按政府要求制定，高级合作社或生产队组织实施，主要生产资料由高级合作社筹集；农家肥等由生产队就地筹集；农事活动由高级合作社或下属生产队组织内部劳动力完成；收入在高级合作社内完全依据社员劳动量进行分配。生产经营好的生产队可得到一定的超产分成，剩余农产品只能由高级合作社统一交售给国家。小型农田水利建设、耕地改良培肥等农业基本建设，主要由高级合作社统一组织社内劳动力完成，资金及物资投入一部分由社里自筹，一部分由政府补贴。

在人民公社时期，农村土地归公社所有，由公社统一生产经营。生产计划按上级政府要求制定，生产大队组织实施。主要生产资料由公社筹集和调度，其余生产资料由生产大队筹集和使用。日常农事活动由公社统一安排和指挥，生产大队调配劳动力完成；大型农事活动由公社直接实施，在公社范围内调集劳动力完成。少数公社按全社统一核算成本收益并进行分配，多数公社按生产大队核算成本收益并进行分配，但公社可以对生产大队的产品和收益无偿调拨。公社生产的产品首先完成国家规定的交售任务，剩余部分再分配给社员。中小型农田水利、耕地改良、土地整治、农村道路、农村能源等农业基础建设，由公社统一规划并调集全社人力、财力、物力完成。

（三）农村土地由集体经营向农户经营的转变

20世纪70年代后期，延续了10年的“文化大革命”终于结束，中国走上了改革开放的道路，且首先从农业和农村开始。面对当时农产品供给严重短缺，人民生活（特别是农民生活）困难的局面，安徽、四川、河南等省的一些地方在农户要求下，改变人民公社生产队的集体经营体制，将集体土地（主要是耕地）分发给农户耕种，实行联产承包经营。即农户与生产队签订承包合同（书面或口头协议均有），确定单位土地面积上交生产队的农产品数量，农户自主生产经营，生产的农产品除去上交的部分，其余部分直接归农户所有。发源于基层的这一制度创新显现出了很强的生命力，取得了很好的成效，并逐渐为政府所接受，最终成为农业的一项基本经营制度。

农村集体土地由生产队统一经营转变为农户承包经营，是通过自下而上的制度变迁实现的。在这一变迁的初期，各地的做法各不相同。这些做法虽都坚持了土地的集体所有，但有的只将耕地分发给农户耕种，山林、果园、水面、养殖场等仍由生产队统一经营；有的只将劣等耕地（如坡地、无灌溉地）分给农户耕种，优等地仍由生产队统一经营；有的以原有生产水平为依据，农户须按这一标准向生产队上交收成，再由生产队进行分配；有的只按农业税（实物）、国家征购、集体提留交生产队，其余部分全归农户所有，生产队不再进行分配。

经过1978—1981年间的不断探索、试验、总结，1982年全国绝大多数农村的耕地都实现了农户家庭承包经营。在各级政府指导下，我国坚持了农村土地的集体所有（村民小组或行政村所有），强调了农地的农业使用，按集体成员平均分包土地,农户按承包耕地面积直接向国家上缴农业税及征购粮(后先后被取消)、向集体提交少量公共积累和其他专项(农村教育、公共设施)费用(后取消),其余收益归农户所有并自行支配。农村的草地、水面等农业用地也先后进行了家庭承包经营,只不过与耕地的承包办法有一定差别。

二、农户承包土地的属性与权益

(一)农户承包土地的产权属性

按法律规定,农村土地的产权归集体所有,这里所称的“集体”指村民小组或行政村。农村土地的“集体所有”,决定了“集体”是土地的所有者或产权的代表者。作为“集体”的村民小组或行政村,是由若干农户及成员组成的最基层社会组织,所代表的是其所属农户及成员。因此,农村土地集体所有可以理解为集体成员所共有,即村民小组(或行政村)的全体成员共享所辖土地的产权。集体土地在本集体内部是一种共享的公共权利,绝大多数农村土地归村民小组所有,只有极少数地方土地才归行政村所有,但在不同集体之间即变成了一种排他性的私有权利。

农村土地的产权是包括所有权、经营权、收益权、处置权等多种权利的集合,这些权利虽然互相联系,但也可在一定程度上加以分离。在农村土地集体所有的法律规定下,村民小组(或行政村)以土地所有者代表的身份将集体土地分包给所属成员经营,按土地类别限定用途,并按管理法规提出土地保护的要求。在集体成员共同拥有土地的认同下,农户则以集体成员身份承包土地供家庭经营,并按集体规定使用土地,按集体要求保护土地。在这种制度的安排下,村民小组(或行政村)保有土地所有权,农户获得土地经营权,实现了农村集体土地所有权与经营权的分离,也实现了农业向农户家庭生产经营的理性回归。

(二)农户承包土地的经济属性

农户承包的集体土地,包括耕地、林地、草地、可养殖水面,都是农业用地,只能用于发展农业而不可做非农使用,其中的基本农田还只能用作粮油生产。对农业发展而言，农业用地是一种重要的生产资源，承包农户对其加以有效利用就可获取一定的农业收益。对于承包农户而言，其所获得的承包地同时也是一种重要的资产，享有除所有权之外的其他财产权利，通过资产运作可获取多种利益。

农户承包土地之后便可利用其从事农业生产经营，生产农产品供自己消费或作为商品出售、塑造农业景观供人观赏、传承农业文明供人学习或体验等。在现有生产条件和技术水平下，数量极其有限的小片承包耕地既能解决家庭部分劳动力的就业，又能为家庭成员的基本生活产品提供保障，还可为家庭老年成员提供较为基础的养老保障。但这种模式当前来看只能解决农户的吃饭问题，农户还无法摆脱收入低的困境。如果农村集体土地资源丰富，质量较好，则农户可承包数量较多的大片土地，从事规模化或专业化的农业生产经营，不仅可以实现家庭全部或多数劳动力的充分就业，还能生产数量可观的农产品投入市场，并通过农业生产经营获取劳务收入。老年及妇女劳动力可留乡务农及照料家庭。即使承包地农业生产收益低下或对农事活动力所不及，农民们也不放弃承包土地，而是将其作为维持基本生计的最后保障，亦将其作为外出务工出现困难时的退路。

农村集体土地作为一种资产，农户承包之后就拥有了一定数量的具有用益物权的财产，可以利用其进行资产经营以获取收益。在现行政策法规许可范围内，农户可用承包土地作为抵押或担保获取其他资源及要素，用于农业和其他产业的发展，也可将承包地的经营权通过流转，获取土地资产经营权的租金，还可将承包地作为资产入股，从股份制经济组织分取红利。农村集体土地家庭承包制的长期不变，还使农户可将承包土地的财产权遗留给后代。土地的有限性，特别是耕地的稀缺性，决定了土地资产是一种珍贵的资产，随着经济社会的发展，这类资产具有较大的增值空间。对于这类资产，农户或者加以利用，或者让其暂时闲置，但绝对不会轻易放弃。

(三)农户承包土地的权利

农村土地一般属于村民小组所有，少数地方属于行政村集体所有，村民小组(或行政村)内的成员享有免费承包一份集体土地的权利，耕地一般按每人的平均数额承包，不用支付承包费用，草地、水面不一定按人头平均承包，但超出平均数的部分需支付一定的承包费。土地承包有一定期限，第一轮承包期为15年，第二轮为30年，现在虽说长期不变，但还没有法律规定。在承包期内农户增人不增地、减人不减地。由于村民小组（或行政村）内各农户家庭人口在承包期内可能增加，也可能减少，便会出现有的家庭因人口增加而人均承包地减少，有的家庭则因人口减少而人均承包地增加的情况，部分村民小组（或行政村）为解决这一矛盾，在承包期内也对承包地进行小幅调整。

农户对集体土地的承包，既是一种集体成员身份的权利，也是与其他集体成员共同分享土地的权利，农村集体土地的承包权只能授予其成员。即只有村民小组（或行政村）内的农户，才能享有按家庭人口无偿承包集体土地的权利，而本村民小组（或行政村）之外的家庭、企业、个人都不具有这一权利。农户一旦获得对集体土地的承包权，就具有很强的排他性，在承包期内集体不能收回，其他主体也不能侵害，更不能剥夺。村民小组（或行政村）对土地的发包和管理，体现了农村土地的集体所有权。农户对土地的承包，体现了农村社区成员对集体土地的共同所有和平等分享的权利。

农户承包了集体土地便拥有了对这些土地的自主经营权（经营权）。农户的承包地是农地，只能用于发展农业，如承包的基本农田只能用于粮油生产，承包的林地只能用于发展林业等，若改变用途将会受到追究。在遵守土地管理规定的情况下，农户对承包地拥有完全的自主经营权利，而不受其他主体的干涉及约束。农户对承包地的经营权包括经营决策权和经营活动（农业生产活动）实施权，前者指承包地作何种生产经营，后者指由谁完成以及如何完成实际的生产经营活动。与土地承包权在承包期内不变的情况不同，农户承包地的经营权在承包期内可能发生变化。如果农户在承包期内使用自家的承包地从事农业生产经营，其承包地的经营权就不会发生改变。当农户将自己的承包地流转给他人，则其承包地的经营权在承包期内就会部分或者全部改变。若农户将他人承包地流转入户，则该户在土地承包期内不仅拥有自家承包地的经营权，而且拥有一定数量的他人承包地的经营权。

(四)农户承包土地的收益

农户承包集体土地作为农业资源,可自己用于农业生产经营直接获取收益。农户承包集体土地作为农业资产,在承包期内对其拥有占有及支配的权利,农户可以通过将承包地经营权租赁、转让、投资、抵押等方式获取收益。前一种收益是农户作为生产者,通过在承包地上完成一系列农业生产活动得到的;后一种收益是农户作为资产所有者,将承包地经营权有偿转让给其他主体得到的。二者的性质不同,实现的方式及数量多寡也不一样。

农户承包的集体土地虽有多种类型,但最重要的部分是耕地。由于我国农村人口众多,耕地资源不足,在大多数农村农户承包的集体耕地数量较少,一般地区人均0.1公顷左右,耕地稀缺的地区人均只有0.05公顷上下,仅东北、内蒙古、新疆等少数地区人均可达3~5公顷。从产出的价值量上看,大多数地区农户经营承包地的收益不高,但这并不表明农户承包集体土地的收益低下。事实上,全国大多数农户依靠承包地经营农业取得的收入占家庭总收入的一半左右,近年来占比虽有所下降但仍然是大头。承包地也能为家庭部分劳动力提供就业机会,使部分不宜从事非农产业的劳动力可在农业中就业,并获取劳动收益。承包地还能为家庭成员提供基本生活保障,在不少地区0.03公顷耕地就可生产出一个成人一年的口粮。农户承包地的经营权若流转给他人使用,每公顷可得租金0.45万~1.5万元。综合考察,农户承包集体土地的收益是不低的,如果承包的土地较多或经营得好,则收益还可达到更高的水平。

农户承包集体土地的收益,随国家惠农政策的实施、经济社会的发展、科技的进步而呈增长之势。2006年之前,农户承包集体土地不仅要向国家上缴农业税,还要承担农村基础设施建设、农村教育及其他公共事业发展的多种费用,侵蚀了农户承包地的收益。2006年后国家取消了农业税和多种提成,还对农业实施多种补助,增加了农户承包地的收益。随着经济社会发展和人民生活水平的提高,公众对农产品的需求增加,对质量的要求更高,为农户的生产经营提供了更加有利的市场环境,部分农产品价格的上涨更使农户收入有明显增加。此外,种植技术进步提高了土地产出率和劳动生产率，也直接促进了农户经营承包地收益的增加和承包地经营权流转费的上涨。

三、农户土地承包权与经营权的统一

（一）食物紧缺对农户土地承包权与经营权统一的影响

新中国成立后到1978年间，全国农业生产虽然有了很大发展，人民生活水平也有一定改善，但食物供给的紧张局面始终没有得到根本改观，饥饿的威胁时有出现。十年“文化大革命”的破坏，使本来薄弱的农业遭到损害，让20世纪70年代中后期的食物供给更趋于紧张，城镇人口还可保证低标准供给以勉强维持生计，但广大农民的吃饭问题就难以保障。正是在这种严峻的形势下，农村集体土地的家庭承包经营才在各地兴起，受到农民的欢迎，并最终成为农业的基本经营制度。

在食物极端短缺，基本生活得不到保障的情况下，人们的首要任务是生产出足够的食物以养活自己。农民一旦从集体承包了土地，获得了对承包地的自主经营权，就必然充分利用承包地从事粮食、油料、肉类等的生产，一方面满足家庭生活所需，另一方面完成国家的农业税（实物）缴纳和农产品征购任务。因此，从20世纪70年代末至80年代前期，得到承包权的农户对所承包的土地都十分珍惜，并进行了精细耕种，使承包地（主要是耕地）得到了充分有效利用，土地产出水平大幅度提高。在1978—1984年间，全国粮食单产由2527千克/公顷提高到3608千克/公顷，棉花单产由445千克/公顷提高到807千克/公顷，油料单产由839千克/公顷提高到1337千克/公顷，糖料单产由27吨/公顷提高到38.9吨/公顷，就是农户充分有效利用承包地发展农业生产的明证。

在农村集体土地家庭承包经营的初期，各级政府和农村基层组织肩负着“文化大革命”结束后的农业恢复和发展的重任，不仅要生产尽量多的农产品以解决农民的基本生活所需，还要通过搞好农业生产完成农业税（实物）的上缴和农产品征购的交售，从而积极组织承包农户发展农业生产，努力帮助他们解决生产中遇到的困难和问题，推广先进农业技术，对承包地进行精耕细作。政府的支持、基层的组织，促进了承包农户充分有效利用土地，也使农户的集体土地承包权与经营权实现了高度的统一。

（二）农业高收益对农户土地承包权与经营权统一的吸引

农村集体土地家庭承包经营的初期，城镇居民的粮食、食用油、肉类（主要是猪、牛、羊肉）仍由政府定量供应。由于供应标准很低，每人每月只有粮食13.5～15公斤、肉0.5公斤、油0.15公斤，这远远不能满足居民生活需要。城镇居民对食品的巨大需求为农业发展提供了广阔的市场，粮食、食用油、肉类、家禽、蛋、奶、蔬菜、水果、干果等农产品的市场需求十分旺盛，只要解决生产问题就不愁销售。在市场需求的吸引下，农户竞相搞好自家承包地的经营，生产更多的农产品以获取更高的收入，从而使农户的土地承包权与经营权达到了统一。

中国的经济改革从农业开始，虽是渐进推进的，但市场化取向明显。在农村集体土地农户承包经营的初期，政府就逐步放松了对农产品市场的管制，并实行了农产品价格的双机制。规定承包农户在按承包地面积完成国家农业税（实物）上缴和征购农产品的交售任务后，剩余的农产品可以在市场上自由销售。销售给国家的农产品按计划价格出售，市场交易的农产品按供求关系决定的市场价出售。计划价格一般要低于市场交易价格，在农业税和征购既定的情况下，农户生产的农产品越多，到市场上自由销售的农产品也越多，得到的收入也越多。1978—1984年间，国家先后三次调整农产品收购价格，国家征购的主要农产品价格上涨50%以上，市场交易的农产品价格也比较高，加之政府严格控制农产品生产资料价格上涨，农业生产成本上涨较慢，使农产品生产获利较多，故承包集体土地的农户都愿意自己耕种，使农户的土地承包权与经营权达到了统一。

（三）劳动力转移限制对农户土地承包权与经营权统一的影响

20世纪70年代末至80年代初，工商业还未充分发展，城镇劳动力就业压力较大，政府对农村劳动力进入城镇就业限制极其严格。同时，当时的城镇工商企业要么属于国营，要么属于集体经营，用工要由政府按计划安排，而农民又不属于城镇用工安排对象（新建企业的招工除外），农村劳动力很难进入城镇就业。再者，当时的户口制度是将农村居民和城镇居民严格分开的，而户口又附着有居住、生活、就业、社保等众多权利，农村户籍的农民如果没有实现户籍的改变，既不能进入城镇生活和就业，也不能随意离开原籍到其他农村社区生活和就业。如此一来，农村的劳动力就被禁锢在原籍而不能流动。

20世纪70年代至80年代，农业的机械化水平很低，除部分平原地区机耕、机播种、机收有一定发展外，绝大多数地区的农业生产活动都是靠农民的手工劳动完成的，生产效率不高。在这一背景下，要保证农业的发展，解决当时农产品供给严重不足的问题，就需要在农村保持足够的劳动力以满足农业发展的需要。基于这一原因，各地方政府和农村基层组织都严格限制农村劳动力的外流，农村劳动力外出务工要经过当地基层政府和组织出具证明，否则就会被作为“盲目流动人口”遣返回原籍。加之当时粮食市场还未放开，外出劳动力不能在市场上获取基本食物，也使农村劳动力不可能远离原籍到外地务工。当时，东部沿海省份的部分农村及内地大中城市郊区的部分农村，虽然开始发展了一批工商企业（即“乡镇企业”），有一部分本地农民在企业务工，但在农忙时仍然要经营自家承包地，未完全脱离农业生产。

从20世纪70年代末至80年代中期，农村劳动力被禁锢在原籍，没有其他就业机会，也没有其他增加收入的渠道，只有依靠从集体获得的承包地从事农业生产经营，一方面利用承包土地实现就业，另一方面通过对承包土地的精耕细作增加农产品产出，以改善家庭生活和增加收入。由于大多数的农村人多地少，每个农户从集体承包的耕地面积不大，自己耕种尚且不足，当然不会将其流转给他人经营，由此便形成了谁家承包地由谁家耕种，土地承包权与经营权保持高度统一的局面。

四、农户土地承包权与经营权的分离

（一）食物需求的满足使农户土地承包权与经营权的统一发生了动摇

农村集体土地家庭承包经营制的实施极大地调动了农民的生产积极性，加之农产品提价和先进农业技术(特别是杂交水稻、杂交玉米品种技术)增产作用的发挥,全国农业生产获得了超常规发展。在1978—1984年间,全国粮食总产量由30477万吨增加到40731万吨,棉花总产量由216.7万吨增加到625.8万吨,油料总产量由522万吨增加到1191万吨,糖料总产量由2382万吨增加到4780万吨,猪牛羊肉总产量由856.3万吨增加到1540.6万吨。同时,人均农产品占有量亦大幅度增加,人均粮食由319公斤增加到393公斤,人均棉花由2.3公斤增加到6公斤,人均油料由5.5公斤增加到11.5公斤,人均猪牛羊肉由8.7公斤增加到14.9公斤,人均水产品由4.9公斤增加到6公斤,人均水果由6.9公斤增加到9.4公斤。

农产品的大幅度增产和人均占有量的显著提高,使食物紧缺的局面迅速得以改变。到20世纪80年代中期,除少数农业生产条件很差,农业发展缓慢的地区外,农民生产的农产品不仅能保证自己的生活所需,还有相当数量的农产品在市场上销售。由于农民在市场上销售的粮食、肉类、植物油、家禽、禽蛋、水产品、蔬菜、瓜果数量与品种的增加,政府对城镇人口的食品供给压力减轻,并逐步减少和取消了对主要农产品(粮食、棉、油等)的统购统销,实现了市场自由交易,使城镇和农村居民都可以在市场上购买自己所需要的食物。

食物需求的满足,使农户发展农业、解决自己食物供给的紧迫性降低,追求收入提高的欲望增强。农业税由缴纳实物变为缴纳现金,国家对农产品征购任务的逐步取消也使农户的农产品生产压力减轻。粮、油、肉、菜的市场交易,使农村迁徙人口可以方便地获取到食物。在这一背景下,部分农户家庭的剩余劳动力外出务工,有的农户家庭的青壮年劳动力全部外出务工,将无力耕种的承包地转让给亲属和朋友经营,无亲属和朋友接手的便将其弃耕(首先放弃劣等地耕种)。而从事工商业的农户逐渐放弃承包地经营,或委托他人耕种,或弃耕撂荒。如此一来,从20世纪80年代中期开始,部分农户便只保有集体土地的承包权,而放弃了全部或部分承包土地的经营权。

(二)农业低效益促进农户土地承包权与经营权的分离

经过1978—1984年农业的高速发展,长期困扰人们的食物短缺问题得到基本解决，随之而来的是城乡居民对农产品的品种需求增多，质量要求提高，普通农产品的需求趋于饱和，生产效益下降，甚至出现售卖难等现象。在这种情况下，少数具有一定投资能力和经营经验的农户开办工商企业，转向非农产业发展，大多数农户调整劳动力配置，青壮年劳动力外出务工挣取劳务收入。为了预防经营工商业的风险及外出务工收入的不稳定，无论是经营工商业的农户还是外出务工的家庭，都不愿意放弃集体土地的承包权，他们或是将其作为规避风险的保障，或是将其作为用益物权将其保留。在不能撂荒的要求下，他们一般将不愿或无力耕种的承包地转让给他人经营，使农户土地承包权与经营权发生分离。

促使部分农户不经营或少经营承包地的另一个原因，是20世纪80年代中期农业生产资料市场逐步放开后，种子、化肥、农药、农膜等生产资料价格大幅度上涨，农业生产的物耗成本显著增加。而当时农产品的买方市场基本形成，农产品价格在低位徘徊，更使一般农产品生产，特别是粮油生产雪上加霜。农业生产的低效益，迫使农户在农业之外寻找增加收入的门路，有能力的办工商企业，无能力自己创业的外出务工，其承包地转让给他人耕种，无人耕种的则撂荒，导致农户土地承包权与经营权分离。

另外一个促使部分农户不经营或少经营承包地的重要原因，还在于20世纪80年代中期至21世纪初农民的经营承包地的负担过重。农户承包经营集体土地，除按承包地面积承担国家农业税之外，还要向村民小组或行政村缴纳农田水利建设、乡村道路建设、输变电设施及线路建设、电话电视及广播线路建设、学校建设、医疗卫生建设等多项费用，每亩承包地少则需缴纳数十元，多则承担上百元。在农业收益不高的情况下，这些费用是一笔不小的负担。2006年之后，虽然取消了农业税和其他费用负担，农产品价格也有一定的提高，但由于农业生产资料价格处于高位，劳动力价格猛涨，使农业生产成本大幅度上升，效益仍然较低。面对这一不利局面，经营工商业的农户和外出务工农民便将承包地转给他人耕种，承包地的各种税费也连带转由他人负担。承包地税费取消之后，经营工商业的农户和外出务工农民并未返归农业，仍然将承包地转给他人耕种，只不过要收取一定租金，使部分农户的土地承包权与经营权相分离。

(三)工业化、城镇化推动农户土地承包权与经营权的分离

20世纪80年代,东部沿海地区乡镇企业蓬勃发展,农村劳动力大多在当地乡镇企业务工。后来,乡镇企业改制成为股份制企业或私有企业,发展规模扩大,发展领域有了很大拓展,不仅使用本地农村劳动力,还吸纳了不少外地劳动力。同期,不少外资企业进入沿海省份发展,后又扩散到中西部地区,对劳动力的需求猛增,吸引了大量内地省份农村劳动力打工。20世纪80年代中后期国有企业开始改革,逐步激发了企业活力,使其走上了快速发展的轨道,极大地推进了国家工业化的进程。在此之后的20余年间,全国工业处于高速发展时期,吸引了大量农村劳动力就业。大量农村劳动力转入工业部门,使农村劳动力大幅减少,部分农户因家庭主要劳动力外出务工,无力耕种承包地,于是将部分或全部承包地转让给他人耕种,仅保留土地的承包权,而放弃经营权。

随着国家工业化进程的加快,工商业在城镇和园区集中,大量的人口也向城镇集聚,使城镇数量增加、规模扩大。在进入城镇的人口中,有一部分是从农村转入城镇经商、办企业的创业者,大部分则是从农村进城务工的普通劳动者。对于前一类人,他们有自己的产业,不仅可以稳定就业,而且还有较高的收入,有能力在城镇工作、生活及发展,在事实上已经脱离了农业和农村,其就业、收入、生活也不再依赖承包地,将承包地仅作为一种用益物权加以保留,生产经营权则转给他人。对于后一类人,他们在城镇靠提供劳务谋生,有一技之长者从事技术工种,收入较高;普通劳动者只能从事体力劳动,收入较低。其中的一部分人经过多年努力有一定能力在城镇稳定就业和生活,与农业和农村的联系逐步减少;另一些人则无力在城镇稳定就业和生活,与农业和农村还存在不能脱离的联系。但这几类人都未从事农业生产,对承包地不仅作为用益物权加以保留,而且作为就业和收入的后备资源不愿放弃,自己无力耕种的承包地也只是暂时转给他人经营。无论上述情况中的哪一类,都导致了农户土地承包权与经营权的分离。

工业化进程的加快为大量农村劳动力向工商业的转移创造了条件,也为农户土地承包权与经营权的分离提供了可能。城镇化进程的加速为大量农村人口流

入城镇提供了机会，在农村劳动力转移和农村人口进城(镇)的过程中，相关制度变革发挥了重要作用。20世纪80年代中期之后，劳动力市场逐步放开，使农村劳动力(主要是青壮年)可以自由流动，进入城镇务工、经商、办企业，到近年从农村流向非农产业的劳动力已达2.5亿之多，上千万农民进入城镇落户。正是由于有数量庞大的劳动力离开农业和农村，才使部分农户减少了对土地(主要是耕地)的依赖，才有可能将部分或全部承包地的经营权转让给他人。从这个意义上来讲，是经济社会发展和制度变革使农村集体土地在所有权和经营权分离的基础上，又出现农户土地的承包权与经营权的分离，即由“两权分离”演化为“三权分离”。

五、农户承包土地经营权的流转

(一)农户承包土地经营权的不规范流转

自20世纪80年代中期开始，政府逐步放松农村劳动力流动和进入城镇就业的限制，外出务工或经商，到城镇就业或创业的农村劳动力陆续增加。到20世纪90年代劳动力市场放开，农村劳动力可以自由流动，自主择业和就业，使更多的农村劳动力脱离农业，离开农村外出打工谋生，也使少数有能力的农户逐渐放弃农业而主要从事工商业经营。这种趋势发展到现在，每年有近3亿个农村劳动力在农村与城市间往返流转，上千万农村人口进入城镇生活和工作，使农村劳动力特别是青壮年劳动力大量减少，也使农村人口逐年减少。

农村劳动力向非农产业的转移，在开始阶段主要转移的是农村的剩余劳动力，即农业不能吸纳的多余劳动力，到非农部门就业，这种转移对承包地的农户家庭影响不大。但随着农业就业和非农就业收入差距的凸显，农村劳动力向非农产业转移就演变为对更高收入的追求，凡是有条件到非农产业就业并能获得比农业就业收入高的劳动力(特别是青壮年)，都竞相告别农村外出务工，形成所谓的“民工潮”和“农民工”群体。在这一潮流的冲击下，一部分农户家庭出现了劳动力不足，无力经营全部或部分承包地的情况，少数离开农业和农村从事工商业的农户则不愿或无力经营承包土地，由此便产生了这些农户承包土地经营权的流转。

20世纪80年代中后期,农户承包土地经营权的流转尚处于一种规模较小的自发状态,一些不愿耕种或无力耕种的农户,将部分或全部承包地委托给亲戚朋友,或租给或交由同村其他农户耕种,即将承包地的经营权流转给他人。受托农户一般不直接支付租金,但要为承包农户完成农业税和各种集体提成,或为承包农户提供一定数量的口粮。有些农村集体提成科目多、数额大、耕种土地负担重,不愿或无力耕种土地的农户还难以将承包地委托给他人。20世纪90年代以来,农村劳动力流向非农产业的规模扩大,迁出农村进入城镇务工或经商的农户增加,不愿或无力耕种承包地的农户增加,承包地经营权的流转规模也相应扩大。但流转主要在本村民小组(或本村)内部的农户间进行,双方协商达成口头协议便实现流转,不需要签署书面合约,表现出典型的自发性和非正规性。20世纪90年代中后期,一些工商企业进入农业领域发展,少数农户扩大生产规模,从其他农户手中转包土地从事农业生产经营,一些农户将承包土地的经营权流转给工商企业或农业大户,这时一般会签署书面合约,并要按双方协商的标准向转出农户支付租金。由于没有土地经营权流转的相关法规,加之2004年之前土地经营收益不高,流转合约普遍存在不规范、权责不清、租金偏低等问题,以致在土地经营权流转后出现了诸多矛盾和问题。

2006年国家全面取消农业税,附着在承包地上的多种提成、摊派也随之取消,使农户的承包经营负担减轻。同时,中央和地方政府出台了一系列扶农惠农政策,对农业发展进行财政补贴(种粮补贴、良种补贴、农机补贴、生产资料补贴等),农产品价格也有所上涨,农业生产经营效益有所提高。在新的背景下,工商企业进入农业的数量增多,农业生产大户发展活跃,农户承包地经营权流转规模扩大。目前,各级政府对农户承包地经营权的流转都给予了支持和鼓励,但由于缺乏具体政策与法规的指导和约束,部分农村出现了违背农户意愿强制流转、改变农地用途、损害农民土地承包权益的现象。为保护农民土地权益,促进农业发展,农户承包地经营权流转急需制度的规范、政策的引导及法律的约束,同时也需要有正规的流转方式与途径。

(二)农户承包土地经营权的零星流转与农业发展的需求不适应

农户承包土地经营权的流转分为两种类型,一种是不愿或无力耕种的农户将部分或全部承包土地的经营权流转给本组(或本村)的其他农户,另一种是在政府推动或村民自愿的前提下将村民小组(或行政村)所有农户承包地的经营权流转给农业生产大户或企业。前一种流转面大量广,在劳动力外出务工较多的农村广泛流行,其特点是参与流转的农户分散,流转的土地零星,流转的时间较短。后一种流转在前些年较少,近几年迅速增加,但只在少数适合发展特色农业的区域盛行,在方便农机应用的地区也有发展,其特点是参与流转的农户较多且集中,流转的土地面积较大且集中连片,流转的时间一般也较长。

在大多数农村,部分农户因劳动力外出务工或从事非农产业,无力或不愿经营承包地但又不愿放弃土地承包权,便将部分或全部承包地的经营权流转给其他农户。在家庭劳动力不足的农户,一般将耕作省工的优等地留下自己耕种(如南方的稻田、北方的水浇地),将费工费时的劣等地流转给他人。只有离开农业或农村,专门从事非农产业的农户(指身份),才会将全部承包地流转给其他农户。这种类型的流转一般在村民小组(或行政村)内部进行,流出农户若将土地经营权转让给亲戚朋友一般不要租金;若转让给非亲非故的农户要收取一定租金,但很低,只是要求在自己需要时及时归还。由于大多数农村人多地少(特别是耕地少),农户承包的土地面积很小且零星分散,故农户间的土地流转并不能使流入农户经营的土地达到适度规模,也不可能使经营的土地集中连片,还是只能利用传统方式从事农业生产,既难提高农业劳动生产率,也难提高土地产出率。加之流转时间的不确定性,转入农户也不会对土地进行投资。很显然,这种流转方式与现代农业发展的要求不相适应,不能满足现代农业发展的要求。

针对农户承包土地经营权零星流转的问题,部分农村推行农户承包土地经营权的规模流转,即将整个村民小组(或行政村)所有农户承包土地的经营权流转给涉农企业或农业生产大户(或家庭农场)。由于村民小组(或行政村)内的农户有的愿意将承包地的经营权拿出来流转,而有的农户不愿意或只愿将部分承包地的经营权拿出来流转，故只有行政村、乡镇政府组织、动员、协调，才有可能使整组（或整村）农户承包土地的经营权流转得以实现。这类流转要签订书面合同，按年支付租金，租期也比较长。农户承包地经营权的集中流转有利于流入主体进行农业的规模化经营及先进技术的应用，有利于提高农业的劳动生产率和土地产出率，也可以调动其进行农业基础设施建设的积极性。但这类流转将农民挤出了农业发展领域，使农民失去了参与农业发展进程并从中受益的机会。此外，个别地方的行政村和村民小组违背农户意愿，强制农户整组或整村流转承包土地经营权，更带来不少经济和社会领域的矛盾。

（三）农户承包土地经营权流转中的非农化及非粮化倾向

农户承包的农村集体土地，无论是耕地还是林地、草地、水面等都是农业用地，不管是承包农户自己经营还是流转给他人经营，农户的承包地都只能用于农业生产而不能作为非农用途使用。同时，农户承包的耕地若为基本农田，则只能用于粮棉油等重要农产品生产，而不能改作其他农产品生产使用。但在实际流转中，由于承包农户在将土地经营权转让给他人后失去了对土地使用方向的控制，加之土地管理上的缺失和政策规定的模糊，使流转的土地在使用上出现了非农化和非粮化的趋势，导致农地变相减少和粮田直接缩小。

在各级政府支持农业产业化龙头企业发展、兴办各类农业园区的背景下，一部分工商企业和农村有实力的大户借势流转农户承包地的经营权，将农村集体土地圈占在手中。为了从土地上获取更多利益，有的将流转的土地用于发展旅游业、休闲观光业、餐饮业；有的甚至将其转换为建设用地，盖工厂、搞房地产，导致农业用地减少；有的虽然将流转的土地用于发展农业，但主要用来生产经营蔬菜、水果、花卉、苗木、特产、药材等附加值高的产品；有的甚至将流转的良田用于种植名贵或速生树木，没有将流转土地用于粮油生产，造成粮食生产用地的减少。这种离农离粮倾向在整组（或整村）土地规模化流转中表现得极为突出，几乎成为普遍现象。但在组内或村内农户间的土地经营权的零星流转中，这一现象较少。

农户承包土地经营权流转中的离农倾向，除因缺乏严格的制度约束和有效的土地管理等因素外，主要是部分工商企业或农村大户利用政策空间钻土地利用的空子，有意将农业用地变相转为非农用地，以农业开发之名行土地农转非之实，而地方政府的放任更使这一倾向变得难以遏止。农户承包土地经营权流转中的离粮倾向，除因缺乏严格的农地使用管理措施、土地转入主体追求土地的高收入等因素外，流转土地的租金负担也是一个重要诱因。目前，农户承包地经营权的流转，除在本村民小组或行政村内流转给亲属和朋友不收（或少收）租金外，一般要按年度收取流转租金，少则每亩每年收取300～500元，多则800元左右，区位和土地质量好的甚至在1000元以上。如果将流转的土地种植粮油作物，其盈利可能还不够支付土地租金。在这种情况下，转入农户只有将流转土地用于生产附加价值较高、盈利较多的农产品才能在支付土地租金后还有一定盈利。而粮油生产的附加值不高，盈利水平低，转入农户自然不愿将流转土地用于粮油生产。

第三章

承包地流转及流转方式研究

第三章　承包地流转及流转方式研究

以往农户承包地经营权的流转，是为了解决因农村大量劳动力向城镇转移，大多数农村出现的空心村、空壳村现象；也是为了解决农业生产比较效益低，部分农户不愿意种地的问题。但是，土地零星流转难以提高土地产出效益和减少劳动力成本，整村(或村民小组)集中流转又可能因农户的弱势地位而损害农户的土地基本权益。特别是当前正处于乡村振兴战略实施的关键阶段，如何在不损害农民基本土地权益的前提下拓展“三权分置”的具体形式，创新土地制度，关键就在于探索新的土地流转方式。因此，本研究对现阶段的土地流转进行了梳理分析。

一、各类土地流转的模式

“三农”问题一直是党中央高度重视的问题，不仅涉及政治、经济、文化和民生问题，还涉及农村社会的稳定。破解“三农”工作中存在的诸多问题，首要的就是解放生产力，激活农村的土地资源，其中的关键就是土地资源如何整合放活。这不仅是实施乡村振兴战略中产业振兴的重点，还是巩固脱贫攻坚成果的难点。根据现阶段全国各地土地流转的主要做法，具有实践性、推广性的土地流转模式主要有以下几种。

(一)农村土地“地票”交换模式

农村土地“地票”交换，是指为了便于适度规模化、机械化地开展农业生产活动，达到农业现代化目的，村集体经济组织内部对农村空置的宅基地及其附属设施用地进行复垦，通过有关部门验收合格后变成符合种植的耕地，从而产生新的指标用于交换。

农村土地“地票”交换的典型性代表是重庆市江津模式。重庆市江津区从2007年开始，用一年的时间展开了农村集体建设用地置换试点（以下称“地票”制度）。“地票”制度在区政府出台相关指导意见的带动下，具有市场主导实施和指标跨区流转的鲜明特点，从而推进了农村建设用地市场化，盘活了农村闲置资源，切实做到了资源变资产。具体做法是，通过对农村闲置资源的复垦，达到种植要求的耕地获得指标，同时成立农村土地交易所对新获得的土地指标进行公开拍卖。

在江津模式的“地票”制度中，地方政府起着非常重要的指导作用。首先是出台相应的“地票”制度管理办法、具体实施方案等，做到有法可依、有理可据；其次地方政府先对适宜的农村闲置资源做出合理判定，在实际复垦过程中提供资金支持，江津区政府对每亩复垦支出经费4万～5万元；最后“地票”制度的指标转换、指标定价、收益分配都交由市场经济机制来决定，保持其长效稳定。经过尝试，人们发现实施“地票”制度能够有效流转农村闲置资源，发展壮大农村集体资本，也为农村实现适度规模化、机械化的现代农业提供了资本支持，更为有效实施乡村振兴战略、改善农村人居环境提供了新的思路。

（二）农村土地出租模式

农村土地出租模式，是指农户因家庭劳动力进城务工或者其他原因造成劳动力不足或不愿意再从事效益较低的农业生产，转而把家庭的农村承包地通过签订合同的方式租赁给其他愿意从事农业生产的龙头企业、公司、大户等的土地流转形式。土地出租仅是把土地经营权拿出来流转，土地承包权不变，原承包土地的农户不因租赁合同而损失应有的原土地的基本权益。租赁方仅拥有流转土地的经营权，不因租赁土地而获得土地的承包权，还应遵照合同，不能擅自改变土地的用途，按约支付租金等。

农村土地出租模式中较为典型和具有可推广性的，当属安徽小岗村模式。安徽小岗村土地流转方式主要是为了更好地集约化土地，达到适度规模化农业生产的目的。通过组织协调、宣传教化等方式，鼓励因劳动力短缺等问题造成撂荒或者不能精细化耕种的土地，向种田大户、养殖能手流转。同时，依靠新农村建设契机，不光大力抓第一产业、第三产业的融合发展，还通过建设集中安置点，将村民向安置点集中，减少农村公共设施投入，节约土地发展现代化的综合农业生产和配套服务。

（三）农村土地股份合作模式

土地股份合作模式，是建立在合作农户自愿原则基础上的流转。在这种模式下的流转必须要遵守相关土地政策、法律法规，必须按契约给予合作农户报酬。一般来说，此类型的合作都是整村（村民小组）或者邻近几个村的农户和有能力发展现代农业产业的龙头企业合作。村支两委先将农户的闲置土地整合起来，使其具备适度规模化、机械化开展农业现代化生产的基础，再由农户与企业签订入股契约，流转农户的土地承包经营权。这种模式是当前我国农村较为普遍的一种土地流转手段。

农村土地股份合作模式中有鲜明特点的是广东南海模式。其特点主要是通过龙头企业带动周边无力或不愿耕种的农户致富。村支两委一是成立村股份合作经济组织，考察选择适宜在南海地块开展农业现代化生产和服务农业生产的企业合作，作为企业和农户之间沟通的桥梁。二是股份合作经济组织严格按照土地发展规划，严守基本农田红线，整合发展村建设用地。三是明确股份份额和收益比例，农民可以通过土地承包经营权折价入股，也可以资金入股，形成有特色的农村新型经济组织。股份合作经济组织以股份制公司的机制运行，保障入股农民的各项权益不受侵害，实现农村土地资源的集约化发展，提高土地效益。

（四）农村土地入股模式

农村土地入股模式，是土地承包人（农户）按照自愿原则通过以土地、资金入股的形式，参与到村集体经济或者企业经营当中来。土地统一生产、经营、销售，归合作社或企业负责，土地承包人（农户）享受基本的农产品收益和分红。这种模式是现阶段巩固和完善土地制度新的方向，也是更适宜广泛推广的模式。

农村土地入股模式有鲜明特点的是四川崇州模式。以整村（村民小组）成立土地股份合作社，是成都市政府所设计的农业生产的组织机制。这一新鲜事物得到了四川省委、省政府的支持。土地股份合作社是农民利益联合体，农民入社自愿，退社自由。土地股份合作社由部分农户发起，其他农户参加，当参加的农户达到一定数量时，在村支两委的协助下召开全体股东大会，选举理事会。成都市各级政府积极推动土地股份合作社的建立，开展了广泛的宣传发动工作，成立了农村土地股份合作社工作办公室，普遍开展了农村集体土地确权颁证。通过这些举措，成都市政府运用行政手段为农村土地股份合作社的建立提供了制度创新、政策支撑、经济扶持、环境支持等服务，让农户切实体会到了新土地制度的优势，从而让农户自愿参与其中。

（五）农村土地转包模式

农村土地转包模式是指土地承包方不愿意再进行土地经营和使用，承包方把土地承包经营权转给其他农户从事农业生产的模式。这种模式必须在村集体经济组织内部流转，同时并不改变原有的土地承包关系，也不改变土地承包契约中应当履行的权利和义务。现阶段这种流转方式是我国农村较为普遍的做法。

农村土地转包模式中最具代表性的就是浙江温州模式。其主要通过三种手段保障土地承包经营权的转包模式合理有效运行。一是村支两委起到引导和指导作用。村集体经济组织在村支两委的指导下实现土地承包经营权的集中，农户在村支两委的引导下加入。在不改变土地承包经营权产权属性的前提下，村集体经济组织直接经营或者代为耕种。二是在村支两委的积极动员下，农户把自家的承包地转包给村种养能手统一进行农业生产经营，减少农村耕地的撂荒和粗放经营，做到适度规模化的生产。三是村支两委切实为村集体经济组织的发展壮大提供农业社会化服务。村集体经济组织为该村的普通农户、大户、涉农企业提供有偿的农事活动和农产品销售服务，方便该村农户的活动开展和农产品销售渠道的畅通，实现第一产业、第三产业的融合发展，也为村集体经济组织的壮大获取资金帮扶。

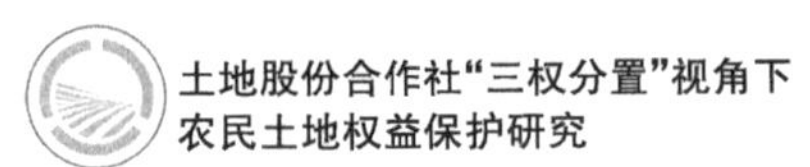

(六)宅基地换住房,承包地换社保模式

这种模式是农户自愿放弃自己的闲置宅基地,采取适宜的措施将其改造成建设用地,成为新的农村资源,农户则获取相应的补偿报酬,便于在城镇或者农村集中安置点购买新的住房。农户可以通过自愿放弃土地的承包经营权换取和城镇居民相同的医疗、养老保障。

在以宅基地换住房,承包地换社保的模式中,最具有实践性的是重庆市九龙坡区模式。在宅基地换住房方面,九龙坡区政府根据农户自身的诉求,整合农村宅基地,修建集中安置点和进行复垦。通过复垦达到耕种要求的土地被置换成新的农村建设用地指标,流转宅基地的农户以此能够免费搬迁到集中安置点。搬迁的新住房按一定标准、一定面积进行置换,如有超出则由农户按价格补齐。在承包地换社保方面,九龙坡区政府提倡让自愿放弃农村承包地经营权的农户享受与城镇居民同等的医疗保障和养老保险待遇。同时,加大农村合作医疗的投入,为农村居民解决看病贵、看病难问题。最后,九龙坡区政府通过整体流转的方式,对自愿放弃农村土地承包经营权的农户每年按稻谷平均产量折算,给予租金。这种方式给了流转农户更多的选择,农户既可以外出务工,也可以就近在周边农业企业、产业园、村集体经济组织内工作,兼顾到家庭。

二、土地股份合作社符合"三权分置"流转的制度创新机制

(一)前期创新模式存在的问题

按照"从出口往回找"的原则,乡村振兴的核心是资源回流与重组,即产业的振兴。而农村最重要的资源是农业和劳动力,二者完美的结合体是土地,只有不断地推进农村土地制度改革才能有效地振兴乡村。目前,以农村集体土地所有权、承包权、经营权分离及经营权流转为主要内容的土地制度改革,虽为农村产业发展(特别是农业发展)提供了美好前景,但在推进中也遇到了不少困难和问题。

一是农村集体土地被农户承包后,农村集体(行政村或村民小组)缺乏有效管理土地的手段,使乡村集体土地管理主体在微观层面虚置。秭归县的"村落理事

会”、广东清远市村民自治下沉，仍然具有“公共池塘资源”管理的性质，“集体土地利益的公共性起到群众动员的作用，集体土地利益的广泛性、公平性和透明性等特点，赋予群众平等参与权利，降低群众参与门槛，构成村庄政治的起点”，这就造成了土地管理主体在微观层面起到的作用微乎其微。作为乡村发展的基本起点，土地改革的式微对于乡村振兴的实施很难起到正面激励作用。

二是农户承包地经营权流转后，获得流转租金太低，基本上可以忽略不计，据有人调查，“转入土地支付租金平均为283.74元/亩，55.05%的转入户并未支付租金；相反，转出土地获得租金为243.23元/亩，52.63%的农户转出土地未获得租金；目前中国土地的‘零租金’流转率超过50%”；同时，由于失去了承包地经营的决策权或决策参与权，也失去了经营承包地谋求发展的机会和潜在分红，农户在事实上丧失了对承包地使用的监管，并同时被排除在农业发展进程之外（被边缘化），会造成乡村振兴战略的内涵残缺不全，甚至被扭曲，更可能影响到乡村振兴战略的落实。

三是农村集体土地经营权分散掌握在众多农户手中，规模化流转土地要与很多农户分别协商谈判，不仅交易费用高昂，而且农户的意见难以统一，给乡村土地流转造成了不少困难。此外，转出土地农户的违约机会主义行为也会对转入土地的生产经营造成一定危害。这是重大制度漏洞，分工合作能从根源上解决该困境。农业制度创新要从适度规模化经营向服务经营转变，只有把农业产业发展壮大，乡村发展的第一要务才有根基，才能为乡村振兴塑造新的战略支点和新的战略起点。

四是流转土地经营的非粮化倾向愈加严重。乡村振兴不是严格禁止非粮化倾向，而是掌握度的问题，一旦非粮化超过了生存基本需求，危害是长远的。故而，本书的潜在理念是土地制度改革的方向还是以农业产业，特别是粮食产业为第一标准。

以此着眼于乡村振兴的实质效果已经凸显，其缘由在于乡村振兴的载体无外乎必须三大要素齐备且要有明确的支撑点，即土地、劳动力与资本，而资本是土地和劳动力相结合必不可少的润滑剂。如果把资本作为振兴乡村的战略润滑剂，有可能使乡村振兴计划走向类似于20世纪90年代乡镇企业蓬勃发展模式的新思路、新起点和新变革。同时也符合党的十九大报告的精髓，即要振兴乡村就要坚持农业和乡村优先发展，建立健全城乡融合发展体制机制和政策体系，加快推进农业和乡村现代化。也就是说，乡村振兴战略的实施最根本的是农业得到优先发展（其中粮食生产要得到保障），进而才能推动乡村各方面的发展，而农业发展的根本问题是乡村土地经营制度的发展。

以双重委托—代理构建土地制度创新模式，是推动农村土地经营制度巩固和完善的新思路，也是妥善处理“三权”的相互关系、不断探索和丰富“三权分置”具体实现形式的有效路径。

（二）“三权分置”下创新模式的组建运行机制

双重委托—代理土地股份合作社最先是在四川崇州开始试点的。这种类型的创新模式和其他类型的土地股份合作社有很大的不同。其他类型的土地股份合作社大都是用土地承包经营权入股或者农民以资金入股的方式，而双重委托—代理土地股份合作社是把土地承包经营权分离，农户以经营权加入合作社，自己保留承包权。这种组建方式能更好地保护农民的土地基本权益，农民不会因为失去承包权就失去了话语权。

双重委托—代理土地股份合作社的组建离不开各级政府对农民的教化与引导。首先，先组建试点让农民看到合作社的发展前景。政府选择在四川省崇州市隆兴镇黎坝村试点，周围各区县参照试点的经验，由区县农经站牵头，在本区县选择土地股份合作社的组建试点，初衷是政府推动区域经济发展，提升地域竞争力，发展公共服务，也响应了农民致富的基本诉求和顺应了市场经济发展的基本规律。在试点的基础上，在区县农经站的指导下，各乡镇动员组建土地股份合作社。通过试点，各基层干部清楚了土地股份合作社组建的程序与方法，农民看到了土地股份合作社的好处。其次，做好宣传让农民明白了道理。农村土地家庭承包经营制转变到土地股份合作制，通过树立典型、组织宣传和动员，政府补贴带动，税收优惠等方式、手段和措施，积极推动合作社走向壮大，形成示范效应。同时，要求各级干部的思想要转变，把土地股份合作社这一新思想传递给村组干部和广大农民，由基层政府和村支两委共同做农户的工作，使其尝试性地参与该合作社组织。之后，成都市各区县都成立了组建土地股份合作社的工作班子和土地股份合作社组建培训机构，让农民知道了怎样建立合作社，对组建土地股份合作社进行指导和服务。组建土地股份合作社既有理论创新，又有实践创新，为使农村基层干部掌握组建土地股份合作社的理论与方法，各区县组建土地股份合作社的工作班子对乡镇干部、村干部进行了培训。乡镇干部走村串户，培训村干部、与农户座谈，使基层干部和农民详细了解了土地股份合作社的组建机制。

双重委托—代理土地股份合作社的组建，离不开村支两委、村民小组、异质农户的推动，更离不开农民的广泛参与。村支两委是组建土地股份合作社的主要推动力，其动力源自两个方面：一是责任所在，它是基层工作的基本单位，是农村治理的主体，肩负着农村发展的基本行政功能和使命；二是民强村则强，这种村可以在社会地位、政治地位上有所体现，也使村领导班子“脸上有光”，树立权威，获得一些潜在收益。村支两委经过培训，熟悉土地股份合作社的组建程序与方法，向农户宣传土地股份合作社的有关政策，组织发动农户组建土地股份合作社。村支两委把组建土地股份合作社纳入其工作职责，搭建组建土地股份合作社的平台，协调农户间的关系，主持组建土地股份合作社。有很多土地股份合作社是由村委直接组建的，有很多土地股份合作社的社长由村干部担任，有的村干部还担任了土地股份合作社的经纪人。村民小组是组建土地股份合作社的重要推动力，它们是为了实现利益最大化而加入该合作社的。村民小组也是土地所有权的实质拥有者，农村土地承包一般是农户与村民小组签订承包合同，土地股份合作社一般是以村民小组为单位整组推进的。村民小组将本组内的土地集中起来组建土地股份合作社，村民小组与土地股份合作社合二为一，有很多村民小组长担任土地股份合作社的社长，还有的担任土地股份合作社的经纪人。但这和原来的生产队不一样，农户以土地入股参与土地收益分红，可以不参与具体的生产经营活动。异质农户也是土地股份合作社的推动力，最主要的是实现自己的规模收益。农业经营大户、涉农企业牵头组建土地股份合作社，担任其经纪人，对入股的土地进行统一经营，负责农产品的加工、储存、销售等。农户以土地入股加入农业经营大户、加入涉农企业，接受其技术指导，参与其收益分红。有些农业大户、涉农企业与土地股份合作社联合打造农业产业链，土地股份合作社的生产成为农业产业化的一个环节。由此看来，农业大户、涉农企业直接或间接地成为组建土地股份合作社的推动力。

双重委托—代理土地股份合作社能在四川省成都市周边区县推广，也离不开农民的主动参与。村支两委发动组建土地股份合作社，农民敏锐地察觉到了土地股份合作社的优越性，抓住政府给予土地股份合作社政策扶持的机遇，积极参与政府的培训、座谈等活动，详细了解土地股份合作社的运行机制。土地股份合作社成为热点话题，农户之间积极讨论，自觉发起组建土地股份合作社，从而出现了一批先由几户农户搭起平台，随后其他农户自愿参加的合作社。在这一过程中，其他农户经村组干部的动员，对土地股份合作社有了一定认识后，也跟随参加了土地股份合作社，将自家的土地、生产工具等交给合作社，依照出资（工具折合）的多少按比例分红，而且在初级形态的合作社（即简单的农户集合体）中还要参与决策，共同商议如何应对市场发展。后期，也就是市场化的、专业化的合作社阶段，农户在出让土地经营权、签订入社合同、确定收益分红后，直接将土地交由合作社经营即可。参加的农户达到一定数量后，村组干部组织选举理事会、监事会。相当多的农户还可以作为监督代表和雇工等赚取分红之外的一些收益。土地股份合作社对入社的土地要进行统一规划、统一整理。但双重委托—代理土地股份合作社的土地被未入社农户的土地所分割，不能集中连片，不利于土地股份合作社集中连片整理土地，也不利于未入股土地的耕作。在这对双方都不利的情况下，未参加土地股份合作社而对集中连片整理土地有影响的农户，也被动地接受了土地股份合作社。

双重委托—代理土地股份合作社的最高权力机构是全体股东大会。股东大会由入社农户构成，目的是行使民主决策权，维护土地股份合作社的共同利益，推动土地股份合作社的发展，针对合作社的发展进行决策。土地股份合作社股东大会每年年底召开一次，其主要职责为讨论和决议合作社的生产经营规划、收益分配、职业经纪人选聘、组建理事会和监事会等。同时,合作社设置了理事会这个常设机构。理事会成员必须是土地股份合作社社员,每一个入社社员都有选举权和被选举权,其要求是有一定的经营管理能力,要对土地股份合作社忠诚,要敢于担当、富有责任心。理事会一般由五人组成,设置理事长一名、理事四名。理事会由股东提名,股东大会选举产生。理事长由理事会推举,股东大会投票表决。理事会至少每半年召开一次会议,总结一段时间以来合作社的运行情况,提出要解决的问题,制定股东大会通过相关事项的实施方案,制定合作社的发展经营规划,修正计划,讨论开拓性措施,处理农户入社、退社、诉求等事务。理事会每年年底承办股东大会,并向股东大会提交工作报告,汇报股东大会决议的执行情况、生产运作情况等。理事会大都是三年为一届,可连选连任。在任职期间,理事会负责吸纳股东的意见、调查市场行情、起草经营决策方案、执行股东大会决议等。理事会的工作效果和履职情况,每年须接受股东大会考核。经考核,发现履职不力者、违纪者、违反章程者,由股东大会提出罢免或更换,并经股东大会投票表决通过。

合作社建立理事会后还设立了监事会。同样地,监事会成员也必须是土地股份合作社社员,每一个入社社员都有选举权和被选举权。监事会一般由五人组成(不得由理事和财务负责人兼任),设置监事长一名、监事四名。监事会由股东提名,股东大会选举产生。监事长由监事会推举,股东大会投票表决。监事会代表土地股份合作社全体股东监督合作社的发展经营情况、财务管理情况、股东大会决定事项的执行情况等,并就监督检查到的情况向股东大会提交报告。监事会依据股东大会决议和土地股份合作社章程,监督土地股份合作社的经营管理,维护农村土地合作社的利益。合作社的管理机构和人员是否在认真履行其职责,要受到土地股份合作社监事会和社员的监督。土地股份合作社社员对本社的管理机构和工作人员有意见、有质疑、有建议等,可向股东大会提交议案,或向监事会反映。监事会代表土地股份合作社全体社员实施监督权,包括:查看土地股份合作社的财务账目、核对资金往来。监事会根据股东大会的决议、决定和土地股份合作社的章程,对理事会和经纪人的生产经营过程进行监督、检查,适时向全体股东公布监督、检查情况。

土地股份合作社的组建体现了自主性、自愿性。自愿性主要体现在入社自愿,农户要成为土地股份合作社的社员,首先要向合作社理事会递交正式的书面申请书,遵守土地股份合作社的章程,以土地承包经营权入股,一亩一股;其次,农户的申请经全体股东(农户)大会审核通过,农户申请有效才能正式加入合作社。例如,成都市组建土地股份合作社以农户作为基本单元。农户了解了土地股份合作社的宗旨、运行机制后,自愿加入土地股份合作社,体现了土地制度变迁的诱致性。合作社对于内部社员而言是非营利组织,是农户利益联合体,它服务于农户、保障农户的权益、增加农户的收入、提高土地的效益、保证土地和粮食安全等。土地股份合作社向入股的农户颁发股权证书,作为财务年度分配的凭证,并以记名方式进行登记。个人股权的收益可以继承、馈赠;农户的土地股权可以转让。农户之间联合起来组建土地股份合作社,实施土地规模经营,实现规模效益,农户之间互利互惠。农户入社后享有的权利包括:参加股东大会,有表决权、选举权和被选举权;按入股份额享受利益分配;查阅股东(代表)大会记录、财务会计报告;对本社的工作提出质询、批评和建议。农户入社后履行的义务包括:支持本社土地开发、储备和管理;服从统一规划、统一调整;不得损害本社的共同利益;履行入社的相应承诺。入社农户在合作社的权利与义务构成土地股份合作社发展的激励因素。入社农户也具有自由自主退社的权利,当农户认为土地股份合作社不符合自身的实际需求时,就可向土地股份合作社理事会提交退社申请。理事会在本合作社的土地范围内,划出与该农户入股时相当面积、相当质量的土地归还给农户。归还给农户的不一定是农户入社时的那一块土地,因为农户入社的土地通过整理改变了地形地貌,农户原来入股的那份土地的地形地貌已不存在。当土地股份合作社收益不好(股份分红很低)时,农户可收回自己承包地的经营权,撤销与土地股份合作社的委托—代理关系。农户索回承包地经营权,重新行使土地的承包权和经营权,土地所有权仍归集体所有,这样的方式让合作社对农户不是"捆绑",而是"保障"。农户建立在土地承包制基础上的物权保障,转变为建立在土地股份合作制基础上的债权保障。土地由分散经营转为集中经营,农户获得的收益比自己小户经营获得的更多。

经纪人是土地股份合作社土地经营权的代理人。土地股份合作社把入社农户的土地整合集中起来,实施入社土地集体经营。经营集体土地的代理人就是经纪人。在理事会的主持下,合作社对入社土地的生产经营进行集体决策,经集体决策的事项交由经纪人来执行。经纪人按照理事会的要求进行农事活动,具体落实土地股份合作社的各项决议、决定,进行实质性的土地生产经营活动,是土地股份合作社生产经营决策的具体实施者。

经纪人也是合作社的生产经营者。合作社的土地生产经营活动具体落实到经纪人身上。经纪人进行生产要素的组织与配置、生产活动的组织与管理、生产成本的控制与盈利核算等入社土地的生产经营活动,追求其利润的最大化。经纪人的经营管理能力、工作努力程度将直接影响土地股份合作社的效益,经纪人的经营效果将直接影响农户入社土地股份可分享的红利。土地效益要提高,农户要增收,经纪人是一个关键人物。

经纪人还是职业农民。由于土地生产经营的专业性和技术性,作为土地生产经营的具体操作者,经纪人应具备农业生产技术和农业生产经营管理才能。土地经营由小农户的分散经营变为土地股份合作社的规模经营,农业劳动强度大大降低,农业劳动数量大大减少。从成都市的土地股份合作社的实践来看,一对年轻夫妇(经纪人)在农业现代化服务体系的支撑下可以耕种一百亩田。土地股份合作社的经纪人拥有现代农业生产经营的技术与方法,是现代化的农民。他们按土地股份合作社的要求制订和实施生产计划。经纪人作为土地经营的最直接负责人,与土地股份合作社理事会签订合同,满足合作社和农户的要求,保证农业生产效益,实施土地股份合作社的各项规划,实现土地股份合作社的目标,完成年度生产指标和经济指标。经纪人按照合同事项,制订具体实施计划,并将实施计划报经理事会审查通过。计划在执行过程中要受到监事会的监督;计划如有变动,必须报经理事会审批。合作社的经营收益分配方案由股东大会讨论通过。经纪人与土地股份合作社理事会签订合同,按土地收益分配方案保证农户土地入股分红份额。经纪人应采用先进的农业生产技术,降低生产成本,提高生产效率,提高农产品的产量和质量,保障农户土地入股分红的实现。如果遇到不可抗拒的自然灾

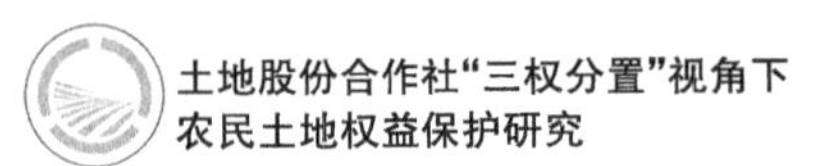

害导致减产，经纪人可向土地股份合作社股东大会提出要求，适度调整分红标准。

在农村土地确权发证后，集体内部的农户所拥有的土地承包经营权属于农户长期拥有，这种权利就物权化、资本化了。农户用这种物权化、资本化的土地承包经营权作为股权加入双重委托—代理土地股份合作社，以土地的承包经营权作为股权，一亩一股，入股分红。在这种土地经营形式之下，所有权归集体所有，承包权归农户所有，经营权归合作社所有。这种创新模式是"三权分置"土地制度的具体表现形式，也是中国农村土地制度适应市场经济的创新。

(三)"三权分置"之下创新模式的经营服务机制

双重委托—代理委托—代理土地股份合作社的生产经营模式，是解决农村土地适度规模化生产的有效途径，是适度规模化经营实践中的一次有益尝试，不仅实现了农户收益的稳定提高，还实现了土地价值的扩大化，也与当前保障粮食安全的国家战略相吻合，更与乡村振兴战略高度契合。

双重委托—代理委托—代理土地股份合作社严格实行农业专业化生产，是当前走专业化道路的典范之一。合作社将土地经营权委托给经纪人，经纪人在全面负责合作社的生产经营的过程中，基本上坚持了每一季只种植一种或两种比较优势明显的作物，例如夏季种植小麦或者油菜，秋季种植水稻，晚秋种植蔬菜等。这样既保证了合作社的专业化生产，同时也有利于促进合作社产值、收益的扩大。合作社还循着农产品生产的专业化路线不断发展。首先，合作社要求经纪人经营的土地必须进行粮油生产，即严格执行农地农用、粮地粮用原则。其次，在经纪人满足合作社的要求后，合作社会协助经纪人选择专用粮油产品或者优质粮油产品进行生产，以保证合作社的农产品生产的单一性，实现农产品生产的专业化。

合作社顺应农业市场化的发展潮流，不断加快市场化步伐，坚持按市场要求生产粮油产品，坚持按订单生产优质粮油产品，坚持按品牌标准生产名优粮油产品。经纪人在合作社的帮助下，寻找加工企业、营销企业，按其要求种植特定的粮油作物，最后通过生产优质的粮油产品提高农产品的产出效益。合作社对农产品的品质也提出了严格的要求，必须按照享有信誉的品牌粮油产品的标准生产。一方面要力争达到国家农产品质量安全的相关认证标准,提升品牌效应;另一方面通过生产名优粮油产品,增加农产品的附加值,提高农产品的产出效益。

成都市政府在成立双重委托—代理委托—代理土地股份合作社之前,就针对农村生产设施进行了现代化整改。具体包括对土地的整治、田间道路的修葺、水利设施的建设、通信设施的整改、能源设施的配备等。成都市通过这一系列现代化整改为土地股份合作社创造了有利的基础条件。合作社成立后,充分运用现代化的生产设施开展大规模、高效率的生产经营活动,推动了合作社的现代化进程。成都市政府积极推动农业生产技术的现代化,从品种、栽培、灌溉、施肥、病虫防治等多方面开展生产技术的推广与服务,为股份合作社的生产经营保驾护航:一方面,成都市政府高度重视生产技术的推广与服务,努力构建生产技术的推广和服务体系;另一方面,相关科研机构将最先进的研究成果推广到合作社,同时相关科研人员为合作社经纪人开展多样化的培训和工作指导。

双重委托—代理委托—代理土地股份合作社坚持农业企业化的发展思路,将传统的小农户改造整合成合作社,通过雇佣职业经纪人实现企业化经营模式。合作社的企业化经营模式主要体现在经纪人在一定约束下独立生产经营,努力增加产出和降低成本,且实行经纪人自负盈亏制度。经纪人作为承包地的代理人,受合作社委托接管土地股份合作社的土地开展农事生产。经纪人享有独立的生产经营权利,但不能改变土地用途,要坚持农地农用、粮地粮用的基本原则,并且要接受合作社董事会及入社农户的监督。土地的经营权是通过合作社赋予经纪人的,经纪人对入社土地的生产经营方式方法必须符合土地股份合作社对土地利用的要求。在以往的土地流转过程当中,经常出现流转者为了提高土地效益,非法违规改变土地用途的情况,这类行为严重损害了流转土地的农户的土地权益。因此,双重委托—代理委托—代理土地股份合作社在成立之初就在管理决策机制中进行了先期限定,必须坚持“农地农用、粮地粮用”原则,经纪人所行使的生产经营权必须处在合作社各方的监督制约之下。经纪人在完成了分红及合作社的提留任务后,可以在不违反既定生产计划、成本—产出预算和土地利用制度要求的前提下,利用两季农事活动的空暇时间种植短季蔬菜等增加自身收入。对于这类获利行为，经纪人不受合作社的监督，完全具有自主经营权。这类做法在双重委托—代理委托—代理土地股份合作社中得到了较为广泛的应用与推广，一方面使经纪人的积极性得到提高，另一方面使农户的权益得到了充分的保障。

我国目前大部分农村地区还处在自然农业和现代农业之间的半传统、半现代化农业阶段。成都市的土地股份合作发展较好，一个重要原因是政府机构、市场组织和社会公共服务机构都力所能及地为成都市的土地股份合作社提供优质服务，形成了支持土地股份合作社发展的多元化主体服务机制，主要包括政府公共服务体系、以市场为主体的服务体系和以社会公共机构为主体的服务体系。双重委托—代理委托—代理土地股份合作社的发展壮大也推进了农业、农村配套服务机制保障的可持续发展，为推进农业现代化、集约化、机械化提供了可靠保证。

双重委托—代理委托—代理土地股份合作社的农业服务领域主要针对合作社的组织管理，同时服务整个成都市的农业基础设施建设，覆盖农业产前、产中和产后各环节，并随着土地股份合作社的发展、经纪人生产计划的变更、入社农户的农业思维能力的提高而不断发展。农业服务的内容同样十分广泛，并且随着农业中分工协作的发展而发展，也根据土地股份合作社的实际情况而制定，使其服务组织分工更趋向细致化、专业化。

成都市区县及各级乡镇政府为推进双重委托—代理委托—代理土地股份合作社的发展，需要积极筹划建立和健全农业现代化公共服务体系，通过财政支出建设覆盖全市的农业生产、农产品销售信息网，通过信息网收集和发布农产品生产和销售当中的生产信息、生产技术和销售信息。另外，还通过在全市建立统一的农产品超市为农产品的销售提供服务。这些措施为承包土地经营权的经纪人提供了经营便利，增强了经纪人完成股份合作社保底分红的经营目标的信心，也为土地股份合作社发展现代农业、提高社员土地收益奠定了物质基础。同时，成都市各级区县政府通过委托建筑公司对农村道路(包括基本交通道路、农田设施道路)进行建设，委托单位通常采取招投标的形式进行，政府既是项目的投资者，又是项目的监督者。各级政府委托农业技术服务公司针对土地股份合作社农业生产的产前、产中和产后全过程进行技术指导和推广，及时解答经纪人在生产经营中遇到的技术问题。政府通过委托第三方提供农业公共服务，拓宽了合作社获得农业服务的渠道，并使合作社获得的农业服务更加丰富和专业，为双重委托—代理委托—代理土地股份合作社农业产业化生产经营提供了有力的技术支持和设施保障，促进了合作社的蓬勃发展。

双重委托—代理委托—代理土地股份合作社积极开展生产经营服务，注重生产经营产前、产中、产后服务的衔接。具体来看，主要包括产前资金、物资、技术服务的衔接，产中生产服务的衔接，产后营销服务的衔接等。成都市政府还推进农业专业化的服务体系的建立和健全，为合作社的可持续发展奠定基础。各级政府为帮扶合作社及经纪人的农业生产经营的开展，经常组织科研机构、专家团队、农经部门深入土地股份合作社调研和进行农业技术推广，为土地股份合作社提供生态环保的化肥、农药等农业生产资料，提供新培育的高产、优质动植物优良品种，提供先进适用的耕作技术、栽培技术、病虫害防治技术、灌溉技术、施肥技术、生物技术、农产品储运加工技术等。先进适用的农业技术的推广应用，提高了农村土地利用率、农业生产效率和农业经济效益，增强了合作社经纪人的生产积极性，使股份合作社向农户社员保底分红的目标更加容易达成，达到了成立股份合作社、提高农民收入的目的，促进了双重委托—代理委托—代理土地股份合作社的蓬勃发展，进而为成都市农业以至整个农村的全面发展奠定了坚实基础。

三、土地股份合作社符合“三权分置”流转的制度创新的动力

双重委托—代理委托—代理土地股份合作社的创新模式符合制度创新的原理。一种制度的创新离不开制度内部的相关主体的意愿驱动，也离不开这种主体意愿产生的环境因素，两者缺一不可。随着改革的深入和农业及农村经济的发展，农民自主创业和就业由农业向非农产业、由乡村向城镇、由经济欠发达地区向发达地区迅速拓展，部分农户进入城镇经营工商业，不少农村劳动力外出务工谋生，使农村劳动力大幅减少，农业经营收入在农户总收入中的占比大幅下降，土地对农民的基本生活及就业保障功能降低，导致部分农户的承包地(特别是耕地)被撂荒或粗放经营，进而对农业和农村经济发展带来了不良影响。虽有部分承包地

实行了流转,但零星流转不能解决土地有效利用的问题(难以提高土地生产率和劳动生产率);成片流转又往往出现离农离粮的倾向,且目前的承包地的流转缺乏有效规划,既不能切实保护农民的土地权益,也不能保证土地的农用、粮用。在这一现实背景的影响下,双重委托—代理委托—代理土地股份合作社的创新模式就具有了广泛的社会基础,具有巩固和拓展土地制度、充分解放农村劳动力、缓解社会矛盾,推进乡村振兴战略实施的巨大动力。

(一)农地保护和利用的潜在利益

土地是农业发展最重要的一类资源,也是农村发展不可或缺的资本。随着城乡一体化进程的加快,市场经济主导人的意愿选择越来越明显,耕地资源由于农村劳动力的短缺和经济效益差造成的浪费和闲置越来越明显。因此,为了充分有效地利用耕地资源,缓解过度城镇化造成的城市压力,发挥好土地的经济、社会、生态功能,必须对农地资源加以保护和合理利用。

以耕地为例,设某村原有耕地为S亩,复种指数可达到K,在正常生产经营情况下平均每亩播种面积可获农业收入为W,则该村耕地用于农业生产经营的收入Q应为:$Q = S \cdot K \cdot W$

但若该村的耕地有ΔS亩撂荒,总耕地面积由S亩降为S_1亩($\Delta S=S-S_1$);复种指数降低ΔK个百分点,由K降为K_1($\Delta K=K-K_1$);在粗放经营情况下平均每亩播种面积可获农业收入下降ΔW,由W降为W_1($\Delta W=W-W_1$),则该村耕地用于农业生产经营的收入Q_1应为:$Q1 = S1 \cdot K1 \cdot W1$

对$Q = S \cdot K \cdot W$求全微分得:

$\Delta Q = \Delta S \cdot K \cdot W + S \cdot \Delta K \cdot W + S \cdot K \cdot \Delta W$ +高阶项

省略可忽略不计(因太小)的高阶项得:

$\Delta Q \approx \Delta S \cdot K \cdot W + S \cdot \Delta K \cdot W + S \cdot K \cdot \Delta W$

ΔQ是该村部分耕地撂荒、降低复种指数、粗放经营造成的生产经营收入损失,若通过双重委托—代理委托—代理土地股份合作解放和补足农村稀缺劳动力资源,适度进行规模化、机械化现代农业生产,不仅能减少农业生产成本,还可能提高每亩播种面积的产出，从而增加农民的家庭收入，减缓农村因收入不平衡问题带来的社会矛盾。

设土地股份合作可使亩播种面积平均收入增加ΔW^*，由W上升到W^*，则该村耕地用于农业生产经营的收入Q^*应为：$Q^* = S \cdot K \cdot W^*$

因$W^*>W$(即$\Delta W^*>0$)，故$Q^*>0$，其差额ΔQ^*($\Delta Q^*=Q^*-Q$)为：

$\Delta Q^* = S \cdot K \cdot (W + \Delta W^*) - S \cdot K \cdot W = S \cdot K \cdot \Delta W^*$

由此可见，双重委托—代理委托—代理制的“三权分置”模式，解放生产力，减轻土地资源闲置的压力，不仅能避免ΔQ的农业收入损失，而且可以增加ΔQ^*的农业收入，其潜在的利益为$\Delta Q+\Delta Q^*$。正是这种潜在利益的存在，才能促进农村土地承包权和经营权的分离，解决农村土地撂荒问题，保障土地精细化耕种。

(二)农业发展的潜在利益

在新时代，农业在国民经济中不仅有拉动经济增长的作用，还有保障国计民生的重要功能，更是顺利实施乡村振兴战略的重要载体。农业产业的现代化发展可以增加农民的农业收入，使消费者获得负担得起的农产品，使农业生产资料和供应机构扩大市场，增加产值和利润，实现农产品规模化生产，因而具有广泛的利益。

仍以上述某村耕地利用为例，设正常生产经营情况下S亩耕地全部得到了利用，复种指数达到K，每亩播种面积农作物产量为R公斤，则该村的农作物总产量M应为：

$M = S \cdot K \cdot R$

对$M = S \cdot K \cdot R$求全微分得：

$\Delta M = \Delta S \cdot K \cdot R + S \cdot \Delta K \cdot R + S \cdot K \cdot \Delta R$ +高阶项

省略可忽略不计(因太小)的高阶项得：

$\Delta M \approx \Delta S \cdot K \cdot R + S \cdot \Delta K \cdot R + S \cdot K \cdot \Delta R$

$\Delta M = S \cdot K \cdot \Delta R + S \cdot \Delta K(M - \Delta M) + \Delta S \cdot (K - \Delta K)(R - \Delta R)$

出现这一状况时，该村农民会减少ΔM公斤农作物产量的收入，市场会减少

ΔM公斤农作物的供给，农资企业会减少生产ΔM公斤农作物的生产资料供应收入，加工营销企业也会减少ΔM公斤农产品的加工销售收入。若实行双重委托—代理委托—代理制度，分离土地承包权和经营权，不仅能使S亩耕地都得到利用，将复种指数保持在K的水平，还能通过集约化生产使每亩播种面积农作物产量增加ΔR^*，由R上升到R^*，这时该村的农作物产量M^*及增量DM^*应分别为：

$$M^* = S \cdot K \cdot R^*$$

$$\Delta M^* = S \cdot K \cdot R^* - S \cdot K \cdot R = S \cdot K \cdot \Delta R^*$$

由上述分析可知，双重委托—代理委托—代理制度对农业发展的促进，不仅可避免ΔM的农作物产量减少，还能带来ΔM^*的农作物产量增加，其潜在的农作物产量增加量为$\Delta M+\Delta M^*$。农民、消费者、农业生产者、农产品加工者、销售商可以从农业产量的提高中获得明显的益处。农业产量的提升能覆盖整个农事活动，产前、产中、产后全阶段受益。正是这种潜在的发展利益的存在，使得相关主体在土地共享、股份合作、土地产权分离等方面进行了制度创新。

（三）农户土地的潜在利益

农户的土地权益受到农村土地制度创新的影响，只有在农民同意且广泛参与的前提下，农村土地的承包权和经营权才能合理分离。在“三权分置”的视角下，农民的基本土地权益分为土地的所有权、承包权、经营权。土地所有权归村集体所有，一般来说农户所有权不容易受到侵害。不难看出农民土地权益的核心问题是，承包权和经营权受侵占后带来的收益权的损失。农民的土地权主要体现为对集体土地的承包权，在承包土地上经营和获利的权利，以及对承包土地的经营权进行抵押、租赁或投资的权利。

在市场经济体制下，农村劳动力大量转移到城镇，更有部分农民直接迁入城镇居住，享受更好的生活和医疗条件。特别是农业的比较效益低、风险高，很容易出现虽无力经营承包地但也不放弃的现象，造成撂荒和粗放经营，也造成宝贵耕地资源的闲置与浪费。虽然有这些现实因素，但是不管是进城务工的还是留守农村的农民都不愿意放弃土地的承包权，因此农户也希望土地制度的创新能够解放其生产力，增加他们的收入。

设某农户承包集体耕地为N亩，复种指数可达到L，自己正常耕种每亩播种面积平均可获盈利H元，则该农户每年从承包地上获得的农业盈利Y为：

$$Y = N \cdot L \cdot H$$

若该农户因青壮年劳动力外出务工无力全力耕种N亩承包地，或因每亩播种面积可盈利H太低而粗放经营，将ΔN亩承包地撂荒，只耕种N_1亩（$\Delta N=N-N_1$）；将复种指数降低ΔL，降为L_1的水平（$\Delta L=L-L_1$），粗放经营、不追求农业产出，使每亩播种面积平均获利减少ΔH元，降为H_1元（$\Delta H=H-H_1$），则该农户每年从承包地上实际获得的农业盈利Y_1为：

$$Y1 = N_1 \cdot L_1 \cdot H_1 = (N - \Delta N)(L - \Delta L)(H - \Delta H)$$

与正常耕种相比，该农户撂荒部分承包地及粗放经营的年农业盈利损失ΔY为：

$$\Delta Y = N \cdot L \cdot H - N_1 \cdot L_1 \cdot H_1$$

$$\Delta Y = N \cdot L \cdot H - N1 \cdot L_1 \cdot H_1$$

$$= N \cdot L \cdot \Delta H + N \cdot (L - \Delta L) \cdot (H - \Delta H) + \Delta N \cdot (L - \Delta L) \cdot (H - \Delta H)$$

如果进行双重委托—代理委托—代理制的制度创新，分离承包权和经营权，从而解放生产力，精细化耕种，使该农户的N亩承包地全部得到耕种，复种指数达L的水平，实行集约化经营，使每亩播种面积的盈利由H提高到H^*（$\Delta H=H^*-H$），则该农户承包地年农业盈利Y^*及增长量ΔY^*分别为：

$$Y^* = N \cdot L \cdot H^*$$

$$\Delta Y^* = N \cdot L \cdot \Delta H^*$$

若双重委托—代理委托—代理制的制度创新能保障农户的土地承包权不受侵害，同时有效行使承包地的经营权，精细化和适度规模化经营，并能使其获得的承包地盈利Y^{**}不少于自己正常经营的水平Y（$Y^{**}\geqslant Y$），农户对这一土地制度创新就会认同与接受。由于土地制度创新有利于农地充分合理利用和集约化经营，盈利水平达到Y^*是可能的，农户从Y^*中分享到Y^{**}（$Y^*\leqslant Y^{**}\geqslant Y$）也是可能实现的。正是由于双重委托—代理委托—代理制的制度创新可能给农户带来可预期的利益，农户才具有推动创新的动力。

四、土地股份合作社符合“三权分置”流转的制度创新方式

制度创新有两种不同的方式:诱导创新和强制创新。前者利用利益来促进新制度出现,而后者则利用国家强制力来促进。诱导的制度创新通常具有自下而上的特征,是由于利益诱导的启发和自我意识。而强制创新具有命令和服从的特征,强制性创新通常具有自上而下的特征。双重委托—代理委托—代理土地股份合作社是对农村土地制度创新的大胆探索,农民的自发性和促进性的特征是明显的,这是典型的诱致性制度变迁。

(一)农民的土地制度创新要求

在农村集体土地实行家庭承包经营的初期(20世纪70年代末到80年代初),农村劳动力主要在家经营承包地,劳动力市场尚未开放。加上农产品价格上涨,市场需求强劲,农业收益较高,农产品供应不足的状况没有改变,农民的承包地主要由自己生产和经营。充分有效地利用承包地使得农业产量大幅度增加。到了20世纪80年代中期,农产品的供需已经取得了平衡,加上劳动力市场的自由化和农产品价格疲软导致农业生产效益下降,农村劳动力已经开始向非农业产转移,转移的领域逐渐扩大,转移的数量也迅速增加。这种情况的出现导致了两个后果:一是农业收益下降使一些农民离开农村而放弃了耕作;二是一些农民由于外出务工而无法耕种承包地,造成承包地的浪费和粗放经营。

到了20世纪80年代中期至90年代,大批农村劳动力非农就业,部分农民转为市民,一些农户无力或不愿经营承包土地,又不愿放弃承包地,就把土地承包权转移给亲朋好友进行耕种。转让一般不收取租金,仅要求农民支付农业税和土地承包人的各种集体提留,一些地区的农民还需要为土地承包商提供一定数量的口粮。转让通常是由双方口头商定的,不需要签订合同,并且转让没有指定特定的时限,承包户可以随时收回。随着家庭劳力、农民工和商人的增加,这种在家庭和朋友之间零星转移合同土地管理权的方式变得越来越难以实施。此外,在此期间,农产品价格低且不稳定,承包土地附带的各种税费负担增加,农业收益进一步减少,承包土地经营权的转让受到了影响,从而变得更加困难。为了解决农业发

展的困难,有的地方探索了"公司+农户"的产业化模式,以解决农产品与市场对接的问题,建立社区合作社来解决农民生产经营中的合作问题,组建专业生产合作社,以促进专业农民利益的联结。尽管这些土地制度创新的探索也发挥了一定的作用,但由于其局限性,效果有限。

进入新世纪,特别是在2006年完全取消农业税和针对承包地的各种收费和提留之后,农业负担大大减轻了。此外,中央出台了一系列支持农业发展的政策,使农业发展具有了广阔的前景。一些有实力的农民和工商业主转向农业发展,大规模流转了农民的承包地经营权,使农民的承包地经营权转让空前活跃,土地出让租金也相应上涨。但是,承包土地经营权的主动转让也带来了一些新的问题:首先,转让期限一般较长,承包农民长期丧失了土地经营权;其次,昂贵的转让租金导致了高昂的农地成本;最后,被转移的土地很容易受到破坏,改变规定的用途。面对这些问题,农民不断探索制度创新模式,既可以保护自己的土地权益,又能充分有效地利用土地,双重委托—代理委托—代理土地股份合作社是这一探索的结果。在此基础上,2016年10月30日,中共中央办公厅、国务院办公厅发布了《关于完善农村土地所有权承包权经营权分置办法的意见》。国土资源部部长姜大明在2018年全国国土资源工作会议上表示,"我国将探索宅基地所有权、资格权、使用权'三权分置'",这是进一步完善农村土地产权制度,促进农村土地产权制度创新,也是"新时代"经济条件下农村土地制度改革的必然要求。

(二)农户土地股份合作的自我组织

土地股份合作社是农民在探索农村土地制度创新中建立的合作经济组织。在此之前,各地对"公司+农户"的产业化管理,社区合作社的产销合作,专业合作社的技术和营销合作,以及将承包土地经营权转让给工商企业或农业大户的方法进行了各种探索。但产业化模式难以协调公司与农民之间的利益关系,而社区合作模式由于缺乏劳动力而难以有效地进行生产和合作,专业合作模式由于效果相对有限而难以发挥作用。简单的土地流转使农民长期失去了承包地的经营权,土地收益受到了损害。经过多年的尝试和比较,一些地区的农民通过股份合作在土地制度上进行了多方面的创新。双重委托—代理委托—代理土地股份合作社就是其中之一。

土地股份合作社由农民自己组建，也由农民推动。在工业化和城市化过程中，大批农村劳动力非农就业，部分农民转为市民，一些农户无力或不愿经营承包土地，又要保护自己的土地权益不受侵害，所以他们在自愿和互利的基础上组织起来，并将家庭承包地经营权用于组建双重委托—代理委托—代理土地股份合作社。合作社土地由合作经济组织经营或委托—代理人经营，参会农民自主建立合作社理事会等领导机构，民主选举管理者，独立制定合作规章制度和有关规定，独立确定土地履约的方向和方法，实行监督管理，独立确定合作社收入分配方案和其他权利分享方式，形成可以充分有效利用的农业土地资源，促进农业发展，保障粮食安全，保护农民土地权的制度创新。双重委托—代理委托—代理土地股份合作社还可以根据国家政策法规和经济社会发展的需要，自主决定稳定或扩大规模，调整生产经营方向，调整内部控制程度，实现更好的发展。

土地股份合作社是入社农户自己的合作经济组织，其建立和运行都以入社农户为主体，且具有相对独立的法人地位。土地股份合作社离不开政府的指导、支持，但其组建、管理、生产经营都由自己做出决策并实施，不受政府及其部门支配和干涉。合作社土地的管理、使用、经营、权益分享等制度设计，由入社农户协商确定，也不接受政府及其部门的指令性要求。土地股份合作社只接受承包地经营权入股的农户，一般不接受以其他资产入股的非农主体，特别不接受以资金和装备资产入股的工商业主，以避免这类强势主体对合作社的控股，以及对农户土地权益的侵蚀。土地股份合作社的生产经营自负盈亏，盈利在入社农户间分红，其他主体不能侵占，亏损在入社农户间分担，其他主体也无弥补责任。

（三）土地股份合作的自我完善

为了更好地帮助广大农民群众实践和探索新的农村土地制度，政府出台了创建土地股份合作社的相关政策，农民朋友可以充分结合自身的特点，开展土地制度改革的基层探索工作。除此之外，这项新政策也是继续落实土地家庭承包责任制的衍生政策。当前，工业化和城镇化的加深不可避免地给传统农业经营者带来巨大的经济冲击，为了解决这一难题，需要以现有的合作制为基础农业生产管理制度，推行新的更惠及以农业种植为主要收入人群的“顶层设计”，并制定出相关的实施细则。如果仅仅是给农民群体提供政策性指导和各种经济指标的支持，没有具体的、有针对性的执行条例，那么土地股份合作社制度的各项创新工作很有可能陷于泥潭。虽然从乐观的角度出发，农民自我探索并不断推动农业改革进步的过程拥有光明的前景，但不可否认的是，这一过程中存在诸多不确定性，并伴随着不可避免的各类风险。如果从政府层面制定完善且具有强大可执行性的指导文件，将会很好地帮助农民群体发挥自身的创造能力，探索出符合中国发展需要的新型土地制度。

中国耕地相对匮乏且分布广泛，各地由于自然条件、资源储备、政策模式、基础农业生产水平、区域经济水平等存在较大差异，以农业生产为主要收入来源的农民群体也受到生产方式、生产规模等因素的限制，对耕地的依赖程度有明显的区域性落差。不同地区农业发展面临的挑战更是多种多样，使得土地制度改革创新的主体工作、主要任务存在较大差别。鉴于此，虽然许多农村地区经过这些年的发展形成了具有各自区域特色的土地股份合作社，但各种不同的政策理念、生产经营类型的差距也成为制约现阶段我国农业发展的一大因素。对于不依赖农产品生产的城市地区和劳动力流失较为严重的农村地区，农户生产、经营和生活对土地制度的依赖低得多，基本无力从事农业生产活动。推行土地股份合作社最根本的动力是为了保护农业用地资源，维护广大农民群众的基本土地权益。通常情况下，会由委托—代理方完成生产经营活动，参与土地合作社的农户并不直接从事耕种等工作。对于一些基础农业生产水平相对低的落后地区，农业生产力往往存在过度流失的情况，这就需要人均承包更多的土地。由于农业劳动人群在就业、收入等领域的土地依赖程度明显较高，通过合理的政策落实土地股份合作社，可以在很大程度上提高农业生产力和土地产出率。这种类型的合作社通常需要依靠农民付出劳力，承担属于自己的耕种任务，参与到合作社后既需要进行管理工作，也要完成自身的耕种任务，这样做的好处是能在获得土地分红的同时直接依靠耕种实现收入提升。相比之下，开阔地区的土地股份合作社普遍拥有较多参与者，农业生产机械化程度也相对较高，大规模的机械化投入可以极大地提高生产效率并降低农民自身的劳力输出。对于山地、丘陵区这类合作社规模不足的地区来说，需要采取合理的措施降低手工劳动成本，依靠具有指导意义的合作社制度助力当地农业发展。对于那些专业化程度还不高的地区而言，可以适当考虑引进先进种植理念，试用高效的农业设施、设备。由于自然条件限制无法推行大规模农业生产的，就要因地制宜地按合作经济的模式推动本地区的农业发展。考虑到不同地区、不同农业生产水平的农业生产者都在探索适合自身发展的土地股份合作社方式，这些多元的探索创新可以为土地股份合作社制度提供指导模式、实施途径和源源不断的创新理念，为形成符合经济社会发展需要的土地承包框架，提升整体居民生活指数，贡献力量。

五、土地股份合作社符合"三权分置"流转的制度创新对农户权益保护的意义

农业产业化，是振兴贫困地区的必要前提。在产业振兴的基础上可以较好地提升乡村的吸引力，提高农民的生活水平，提升我国农业的整体竞争力。要结合自身地域特色发展农业产业，争取尽早实现人无我有、科学发展的产业振兴大业。早在福建工作期间，习近平总书记就提出要发展特色农业、大农业，搞好农业多种功能的开发。大农业是朝着多功能、开放式、综合性方向进步的新型农业。在2016年农村改革座谈会上，总书记要求用现代物质装备武装农业，用现代科学技术服务农业，强化农业水利等基础设施，健全农业社会化服务体系，提高农业良种化、机械化、科技化、信息化、标准化水平。在2017年中央农村工作会议上，总书记着重指出，要加快农业供给侧结构性改革，提倡质量兴农的策略；着力促进农业由增量向增质的趋势发展，着力设计现代农业产业机制、生产机制、经营机制，不断增强农业整体效益与竞争水平，达成从农业大国到农业强国的路径转变；突出农业绿色化、优质化、特色化、品牌化。2018年全国"两会"期间参加山东代表团

审议时，总书记强调要推动乡村产业振兴，紧紧围绕发展现代农业，围绕农村一二三产业融合发展，构建乡村产业体系，实现产业兴旺，把产业发展落到促进农民增收上来，全力以赴消除农村贫困，推动乡村生活富裕。总书记的这一系列重要论述，深刻阐述了产业振兴在“五个振兴”中的重要地位，明确了推进产业振兴的总体要求、重点任务和努力方向，科学回答了推动乡村产业振兴的根本出发点和落脚点。

农村产业振兴离不开土地资源的整合和高效利用，也离不开农户土地权益的有效维护。巩固和完善农村土地制度的改革，妥善处理“三权”的相互关系，不断探索和丰富“三权分置”的各类具体实现形式是农村产业振兴的重要保障。而双重委托—代理委托—代理土地股份合作社这一创新模式是有效解决路径之一。

本书对双重委托—代理委托—代理土地股份合作社制度创新的研究，可以有效地把农户的生产活动从单纯的生活需求扩大到资源需求层面，并且帮助地方制定合理的土地管理政策，同时刺激土地经营模式向以大户（或企业）为主体的现代化农业生产模式过渡。这项举措为农户开展新型土地合作政策提供了现实保障和理论指导，并对原有的农业合作理念、农业生产经营规模对应的经济产出模型进行了必要的修正。本书在综合过去研究成果后，将经营权具体细化为承包权和经营权两个维度。在此基础上，先将经营权细化为农户自主决策权和产业实施权两部分内容，再把被承包土地的年均收益具体分解为由单纯农业生产带来的利润和由委托生产带来的利润两个基本内容。这种分类方式能够很好地指导农业生产者经营管理自己所承包的土地，不论是采取资产入股还是抵押转出的方式，都能得到必要的政策指导。这项政策的落实，也能够很好地帮助农业生产者依靠正确方式和途径来最大化开发利用手头的土地资源，并在具体执行过程中提供法律层面的指导意见，实现有效提升农村集体土地经营管理现状这一长期目标。

在此基础上，本研究将给计划离开农村进入城镇打拼的农户、因种种原因导致耕地无人管理和粗放经营等不良现状的农户提供帮助，尝试给出切实高效的解决途径，最大限度利用不同地区的耕地资源，实现较为明显的经济效益；在不断探索新模式的基础上，丰富有关生产经营方面的研究成果，着力解决现阶段小农户生产成本居高不下、经济效益持续走低的不良循环，在现有的土地联产承包制框架内做出必要的创新，有效增强农业土地产出率并降低农业生产所需的劳动强度，提高我国农业产业的综合市场竞争力，并不断开拓新的国内外市场；在合理、高效管控土地股份合作的基础上，不断探索保护农民群体基本权益的发展模式。

（一）使农民的基本土地权益得到保障

自古以来，通过农业生产制造农副产品，赚取差额利润的生产理念指导着我国的农业化进程，农业劳动群体依靠土地这一基础的生产资源，不断积累财富并实现了长久的良性循环。对于当今的农业劳动群体而言，基于制度分配取得的承包土地，仍然保留着巨大的生产发展潜力。同时，无论是否亲自参加农业生产劳动，都应通过土地经营获利。具体而言，农业生产者享有的权益主要有排他权、自主经营管理权、合法收益分配权。其中，经营权是最受关注的部分，具体指农业生产者有权自主经营，也有权将土地转包给他人。土地股份合作社的推广和普及很好地保障了农村土地的集体所有权、承包权等诸多权益，并且从法律的角度对生产承包业务做出了必要的规定：首先，准备好入社的农业生产劳动者将土地名义上归属于集体管理，但实质上并不改变自己土地的所有权，也不会改变农业生产者所必须履行的承包义务（即土地承包权并不会随转包关系而变动）。其次，决定加入生产劳动社的农业生产者对土地享有最终的解释权和决定权，合作社的董事会没有权利改变农业生产者对土地的具体安排，负责中间环节的代理人更没有权利左右土地的使用方案，但是农业生产者也必须履行社员大会制定出的相关生产流程。最后，农业生产群体对入社土地拟执行的分红标准也享有话语权，经纪人以代理人的形式调节社员与合作社之间针对分红标准产生的诸多矛盾，分红标准也必须由社员大会最终投票决定。

（二）降低农业生产成本，促进农民增收

入社农民作为土地经营权的委托人，将经营权入股可以帮助农业生产群体更好地赚取回报，加入生产保障社后每年会根据参与的土地量获得一定数目的分红，并且这项收益是相对稳定的。农业生产者获得分红主要包括基本分红和超产

分红两个主体。其中，基本分红依据多数农业生产者入社前土地的单位面积收益能力平均后确定；超产分红指的是将超出基本收益的部分进行二次分配（基于多数农业生产劳动者入社前的基本土地产出），每年分给农业生产者的劳动分红不应低于超产部分的30%。在这样的政策保护下，入社农业生产者的土地分红收益相比于独立经营的情况必然有可观的增加。农业生产者将土地入社后可以选择放弃继续务农，转而进入城镇从事其他行业，这一举措推动劳动力向着高收入领域不断转化，可以有效提高农业生产人群的收入。生产合作社是入社农业生产者自发组织的，入社农业生产者的利益就是社团的终极利益。作为入社农业生产群体的保护人，合作社不仅要保障农业生产者的土地收益，而且要最大限度地提高农业劳动者的分红水平。为了更好地实现合作社的目标，扮演好委托人的角色，可以根据具体情况将入社土地委托给中间商进行生产经营活动，依靠合理的手段管控入社土地代理经营生产活动，在实现劳动生产群体利益的同时，也实现社团自身的发展目标。

经纪人扮演着土地经营代理人这一重要角色。在分红基线已经确定的前提下，经纪人主要依靠以下五种方式获取收益：(1)引进先进种植技术，有效提高单位亩产量；(2)推广机械作业，在有效降低人工成本的同时提高土地综合产出能力；(3)通过批量购买的方式投放订单，基于互联网平台降低物耗成本；(4)通过各种不同的销售渠道丰富农产品产出方式，提高整体利润率；(5)充分利用政府提供的各项补贴政策，为农业生产群体的利益最大化提供保障。经纪人基于以上途径能够在提高农业生产群体收入的同时获得金钱报酬，并且在土地分红的基础上获得一部分利润提成。

（三）加快农业产业化、现代化，保障乡村振兴的实施

双重委托—代理的乡村土地制度改革，是基于乡村振兴战略而实施的。农业生产者将承包地经营权作为质押资产换取土地股份合作社会员名额，并将自己的土地生产、经营、管理等一系列基本权利委托给合作社代为负责，这个过程的不断延续将最终形成以农业生产群体的土地经营权为主体的委托—代理关系。土地

股份合作社在集合了社员土地的基础上,把土地经营生产等日常工作交给经纪人代理,这种代理关系的不断开展将会最终形成以农业生产群体的承包地经营权为第二重委托—代理关系。这种三方博弈、一方监督的双重委托—代理的乡村土地制度改革,保证了国家战略的实施,顺理成章地保证了乡村振兴战略实施的社会安定与创新探索。

第四章

农民承包地“三权分置”视角下新模式对农民土地权益保护研究

第四章　农民承包地“三权分置”视角下新模式对农民土地权益保护研究

一、土地股份合作社的双重委托—代理委托—代理模式

土地股份合作社将农业生产者各自经营的土地以股份的形式集中在一起，挑选具有相关专业知识的经纪人统筹管理这些募集来的土地，以合作社集合土地的模式运行大规模农业项目，存在着非常明显的双重委托—代理现象，具体表现形式为农业生产群体把各自的土地委托给合作社经营，合作社再寻找合适的代理人从事大规模农业生产活动。

（一）农户将土地经营权委托给合作社

土地股份合作社运用的是双重委托—代理委托—代理模式，就农户承包土地经营权的流转而言，给土地股份合作社提供必要服务的主要来源是农业生产群体。这些从事基础农业生产的人群通过资产入股方式，本着自愿、互利的原则形成统一的管理组织，从而打造了农业生产者与合作社之间最为基础的委托关系，在这类委托关系内部，入社的基础农业劳动者是基本的生产单元。由于不同生产合作社下辖的农户数目有所不同（小一些的30～60户，大型的可以达到上百户），故委托人通常在独立家庭中进行选取。在此基础上，代理人是生产劳动工作的第一主体。在这种双重委托关系下，合作社可以很好地帮助自身能量不足以及条件不允许的农业生产群体实现一定程度的土地转化获利，并将募集来的土地集中在一起，统一生产、统一调配，实行更好的盈利模式。与此同时，这种委托—代理模

式也在很大程度上为土地股份合作社寻找有市场管理经验的经纪人提供了必要保障。各个地区依据自身特色，对募集来的农户土地采取必要的分配措施，争取实现利益最大化生产经营，本质上是将基础农业劳动群体手中分散的土地资源集中在一起，并且很好地保障了基础农业劳动群体的土地收益。参与合作社的基础农业生产者最终将土地经营权委托给有经验的经纪人完成生产经营活动安排，这样做的最大优势体现在帮助基础农业生产群体实现更多分红并使土地的经济效益实现最大化。在分红方面，一般按照确定的比例对收益进行分配，若出现自然灾害等意外事件则另行协商，但仍以保证农户的基本收益为原则。

入社农户与土地股份合作社基于两类基本的委托途径，帮助从事基础农业生产活动的社员提高年收入。社员大会的主要功能是做出管理决策并指导具体生产过程，例如规定土地使用方式（如粮地粮用等）；对生产活动的全过程实行有效监管；在合理选择经纪人的基础上制定重大决策，并制定合规的土地分红标准以使社员的经济利益最大化；在不违反"入社自愿""退出自主"的生产合作社基本章程的基础上，最大限度行使基础农业劳动群体的选择权，对可能存在的诸多不文明现象进行打击制约；为维护基础农业劳动群体的切身利益而不断修改各项议程，保障代理机制可以长期稳定生效。

（二）合作社土地经营权委托给经纪人

对于股份合作社经营模式中的第二类委托关系而言，参与合作社的普通农业劳动者以股东的身份，通过代理人获取合法收益。代理人是通过招聘的形式，经过社团大会公开决议通过的实际土地管理方，通过使用合作社土地完成各项农业生产任务，从农业产出环节中以抽成的形式获取经济来源。合作社将土地的经营权交由特定经营者行使。在合作社与经纪人间就形成了第二重委托—代理关系，发布委托的主体是合作社，代理人也被称为经纪人。大多数情况下合作社规模较小，总体耕地面积十分有限，这就使得小型合作社仅仅只需要一个经纪人打理日常事务，这种单一经纪人委托模式使得代理人仅仅维持在自然人层面。第二重委托—代理关系使代理人可以直接获得土地的自主经营权，运用相关专业知识实现耕地的有效利用,保障合作社的阶段性产出,维护入社农业劳动群体的经济利益,提高当地农民群体的基础收入。代理人受到合作社的委托经营农耕用地,在追求经济价值的同时理应获得财政、政策等相关方面的支持,当地政府部门需要贯彻相关文件精神,着力维持代理关系的稳定发展,保障农业劳动群体的自主经营权,同时帮助广大农民群众提高基础收入水平,获取更多经营利润。

(三)合作社的双重身份

在土地股份合作社的双重委托—代理委托—代理模式中,土地股份合作社是一个拥有双重身份的特殊机构。一方面,土地股份合作社是帮助因各种因素限制难以自主从事耕作的农民群体管理土地,这些基础农业劳动者通过资产入股的方式,本着经营自愿、产业互利的发展原则组建农地经营团队,作为入社农户的代理人,合作社的主要职能体现在高效、合理地利用整合后的农地资源,提高农业劳动群体的土地利用率。同时,合作社也扮演着土地经营权的代理人角色,承担相应的法律义务,受到当地优惠政策照顾,合作社追求的主要目标体现在基础农业劳动群体经济利益的最大化。另一方面,土地合作社在符合地区发展特色的政策鼓励下不断吸纳新成员,并利用章程制定规范,限制入社农业劳动群体和代理人的行为,在民主表决、民主决策的基础上尽可能提高基础农业劳动群体的分红收益,通过土地分红的形式最终使社员受益。

在上文提到的第一种委托关系中,代理人经过合作社表决通过后就可以直接获得大量土地的直接管理权,合作社通过制定相关规章制度限定土地用途,区分哪些是农地,哪些是粮地,在经营生产收入的基础上,通过分红的方式使得入社农业劳动群体获得基本收益;通过科学管理,增产增收,实现农业劳动群体增加收入的迫切愿望;通过制定符合地域特色的生产计划,对代理人落实审查和监管制度,对代理人的非农化、非粮化倾向施加约束;还要通过提供服务为经纪人的生产经营提供支持,以增强经纪人的生产积极性,同时为合作社的规模经营创造条件。

二、双重委托—代理委托—代理土地股份合作社的相关主体认定及权益内容

不同的基础农业劳动者出于各自的需要，本着自愿、互利的基础原则组建规模不同的土地股份合作社，这类合作社的本质是以经营权入股的形式自发组建的农业生产单元总和。这类合作社在组织建制上同普通股份制公司颇为相似，也具有合作制公司的许多优点，但本质上并非股份制公司，也非合作制公司。这种具有不同类型企业特色的杂糅农村经济组织拥有较为复杂的运转机制，而且相对来说管理不易。合作社内部涉及不同需求的农业劳动者、高低不一的经济收入目标、不同的参与初衷、不同的参与方式等多个层面，为了更好地服务农民群体，需要构建一个稳定运行的模拟框架，以便对合作社的日常生产经营状态开展各方面的研究。约翰·彼得森(John Peterson)曾经在多次深入研究后提出建立一种多层次的治理方式，具体涉及不同农业劳动者之间的博弈与相互理解。王诗宗(2017)提出，多层次治理需要综合利用不同类型、不同角度的辅助工具才能更好地起效，治理过程需要"依据规章制度、签订法律合约、以农业生产群体基础利益为出发点、建立并落实理解和信任的相互关系等"，不同工具综合作用可以更好地达成既定目标。基于双重委托的运作模式，在合作社这种多层次关系网络中，相比之下最为关键的是帮助入社基本农业劳动者建立归属感。对于合作社组织而言，职业代理人也是必不可少的辅助力量。需要谨慎维护合作社、代理人和农业劳动群体之间的主客体关系，只有三者形成和谐的稳定关系，才能更好地服务于我国现阶段的主体目标。

(一)土地股份合作社的主体

这里说的主体一般为微观经济学范畴内的经济行为参与人员，即诺斯分析的经济行为操作者，凭借数据搜索、分析的有限理性及所有上述活动花费的不同开支，属于展开经济规划时非常关键的坐标，坐标内的行为落实人员即经济行为的实施者。在这里，合作社的主体即同合作社管控策略相关的利益牵连人员，基本

涵盖入社会员、相关合作机构、职业代理人三部分。在这之中,入社会员和所设置的股份合作机构属于重中之重,也属于创新形态工作的关键力量。然而,入社会员及合作社秉持各具差异的本质属性,其基本属性为:入社会员是并不集中的经济个体,以户为计量的经营群体,市场化理念并不成体系,不属于独立的法人。另外,合作社未通过注册的手段组织公司化的操作形态。如此众多的农户,由于生长及生产环境的影响,小农意识非常鲜明,生产生活能够实现半自给,营利性目的及特性较为薄弱。因此,农户群体一般不属于理性经济个体,其本质属性和合作社身为农村经济主体机构这一本质属性存在明显的区别,农户群体由于鲜明的个体属性导致其处在天然的弱势地位。合作社这一机构一方面存在合作经济机构的属性,另一方面也存在股份制公司的一般属性。不管何种属性,合作社的工作均参照市场的规则运行,将盈利最大化作为工作目的展开经济行为。虽然入社会员与合作社的本质目标相似性较高,即达成入社会员的基本盈利与额外收益的分配,然而在明确入社会员是不是为达成最佳收益这一需求上出现了困难,入社会员需要的有可能并非盈利最大化,仅仅需要保证其基本盈利或高于农户本身生产所得收益即可。然而,合作社身为被委托方,将土地视作经营物资,第一目标是怎样达成经营机构的盈利额度最高,将盈利分配给入社会员,使其享有意外的盈利额度。另外,合作社还存在其他利益目的,即在政治方面赢得管理部门的赞同,达成农民群体范围内的优质管理,这属于农户并不需要且并不关心的独特需要。合作社雇佣的职业代理人以盈利额度最高为己任,其一方面是入社会员,但又不仅仅是入社会员,若其承担起土地经营这一责任,代理人便失去了身为会员所具备的管理方面的及某些参与规则制定的权利,因此代理人难以作为管理人员参与合作社的工作。然而,由于其和合作社经营行为的落实与盈利分配息息相关,也属于合作社日常工作的参与人员,属于合作社及入社会员的监督对象。代理人直接承担起农户土地的规划及相关经营问题方面的责任,并在相关的经营获利内落实入社会员的盈利分配,负责合作社的可持续发展以及农户通过盈利获得增收的具体经营工作;此外,代理人要从工作中获取盈利,通过怎样的工作方式及收益享有手段进行操作,对其盈利的高低有直接作用,和利益的浮动联系紧密。所以,职业代理人的本质属性尤为鲜明，即，通过各种方式增加土地经营的额外盈利，这也是代理人工作中最重要的目标，与入社会员、合作社机构有着本质的不同。创新形态操作方式的制度规划，导致职业代理人的属性和诉求较其他两方而言相对单一。

（二）土地股份合作社主体的权益

双重委托—代理委托—代理土地股份合作社的入社参与人本身具有土地经营权，与其他参与入社的人共同具备对合作社中土地如何规划的决策、获利及监督的职能。这三大职能本质上而言是农户对土地具备受法律承认及保护的承包权，这是入社会员能够支配三项权利的本质原因，是政府部门在土地承包经营权的规章中给予的，无法转让，也无法夺取他人的。因此，农户对土地的所有及使用造就了这一群体对土地规划方面的决策、获利及监督三项能力。土地的经营权是否委托给合作社管理，是否通过合作社的专门人才进行管理，或委托什么样的专门人才进行管理，是农户需要深究的问题。另一部分为收益的落实问题，入社参与者将土地委托给合作社监管是由于合理地开发和规划土地能够获取更多盈利。要确保获取更多盈利，必须对土地的委托机构及专门管理人才展开有效的监管，参照创新形态工作的相关规定落实监督策略，以维护农户的正当权益。然而，监督对象并非只有一个，毕竟创新形态下的运行策略的突出特色是双重委托。所以，这些权益的分配是和合作社一起享有的。

综合以上分析，合作社接受入社参与者的委托，把控农户土地的管控、监督、获利三项职能；合作社凭借入社会员自身的需求而组织。然而，一旦成形其便会设置具有针对性的管理部门与工作者，并负起规划合作社未来、保障入社参与者相关利益的职责。因此，合作社首要的根本权益为管理权，相应带来的便是监督权，以此保障管理的力度及针对性，因此监督权的落实也十分关键。另外，合作社需获取部分盈利来维护机构的日常生产秩序。所以，要约束管理部门与工作者的操作手段，杜绝投机现象与违规违法行为，减少非理性与自私牟利等行为，合作社需要强有力的监管策略。另外，也存在部分获利权（一般为提留收益及上级部门奖励），维护三项权利可以相辅相成，为合作社的良好运营打下坚实的基础，提供强大的执行力。其本质是入社会员将自身土地权益委托给合作社，并受到合作社保障，属于参与者针对性权利的部分转让，亦属于经济机构的特征体现，“相关管控机构立法的部分权限，就是参照相关福利的公共条例详尽地解决针对性新生规定的隐患产生，并以此处理私人权利范围，平衡各方利益矛盾”。

职业代理人以农业生产经营为工作的本职，是为了获取一定的红利，收益权属于代理人获取利润的基本形态，这之中涵盖额外获利及上级部门福利补贴的获利。获利的根本原因是合作社对土地的经营权进行合理的委托，其实质是受委托管理土地的收益权，亦属于职业代理人的工作目的。其具体落实是根据职业代理人接受委托的土地，展开生产规划及管控经营（和入社参与者决策权具有本质性的区别）为前提。若不存在土地代理这一举动，则不会产生获利行为。然而，以上工作需要在相关规定范围内展开才可产生获利行为，杜绝职业代理人在经营策略上偏向于能够有效增加盈利的工作，在经营操作里更偏向高产出及低花费，在盈利规划上更偏向享受较大的额度，一切行为将享受收益权摆在第一的位置。职业代理人的需要和入社会员的获利需要、合作社的土地规划策略等区别迥异，严重的还会造成不同程度的冲突，进一步导致土地经营难以顺利展开、三个群体争相占取盈利的混乱状态。在如此的状态中，约束职业代理人的相关操作，将这一职业规范在和另外两大主体互利共赢的状态之中，这便要求职业代理人掌握经营权，可参照客观环境与盈利分配策略来对土地展开经营，以此来优化并达成超产盈利。

（三）土地股份合作社主体的权益关系

双重委托—代理委托—代理土地股份合作社的三类对象具备三种特性：

（1）一致性。其含义为合作社中的入社农户、专业代理人与合作社本身所具备重叠的权益、相同的目标，即农户加入机构、机构接收委托的土地、专门代理人进一步规划土地价值，三者的相似性在于谋求更多的获利（尤其在经济方面）。在这一目标上是殊途同归的，但细分下去，第一要保证入社会员的获利，即合作社建立的意义是为了帮助农户获得盈利并合理分配，这是合作社工作条例的重中之重。另外，也表现为不同社员在追求获利时与其他社员的目标也具备相似性，不然若各自凭借自身的需要来行动，合作社将难以展开工作，更难以良好地运营。最佳情况是三类主体均能够在权利范围内各司其职，获取本应享有的盈利，营造不同主体均满意的平衡状态。

(2)差异性。其含义为不同对象想获取的土地价值目标有所不同，入社参与者一方面想提升最低分红的额度，另一方面想增加超额分红的额度。合作机构也想提升提留的获利所得。而代理人的愿望是减少最低分红的数值，也想增加自己在超额收益中的占比。另外，代理人还想改变土地的使用途径，拓宽土地的价值，使其盈利得到大幅提升。除此之外，遭受不可抗天灾等意外时，农户群体之间、农户和合作机构之间、农户和专业代理人之间的关系会受到不同程度的影响，部分入社会员坚持要求获得一定数值的超产盈利，拒绝这一数值的减少。这些农户认为，受损额度应由专业代理人全部承担；部分入社会员认为，面临不可抗天灾时超产部分的适当减少属于正常现象，但不接受无休止的减少；部分农户还存在的想法是，遇到该情况能够利用三方磋商的途径来处理。因此，体现出的差异需要凭借合作社机构本身的治理策略加以明确，继而依据策略、强制要求或进行协商等手段展开具体工作。然而，合作社身为"中间机构"要负责调和不同主体的权益，尽可能减少受损农户的财产损耗，有效杜绝只有一方得利，而另一方受损的情况出现。

(3)互竞性。一般表现为某合作社存在几十或上百户的入社家庭，不同农户的基本背景差异巨大，需求也迥然不同，尤其表现为在合作社内部竞聘管理职位及职业代理人的席位。入社参与者群体表现出互竞性，是为了尽最大可能增加农户本身的盈利。所以，若农户群体间的要求表现出竞争状态时，群体的需要在协调上出现困难、目标上出现矛盾，造成合作社工作运转不良，效率大打折扣、经营任务的落实状况不佳，分红的顺利开展面临重重困难。为维护各类主体的合法权益，急需一系列完善的机构管控策略来达成主体权益的和谐，杜绝丛林现象的出现。利用策略进行管控，确保所有的入社社员都能履行监督及管理职能，通过这种手段维护入社群体的收益权。从宏观上分析，三者的利益是难以分开的，入社社员、合作社与专业代理人的收益权本质上是相同的，均以收益权的良好享有为前提，仅仅由于责任的差异，为优质地达成内部治理策略，不同的权益对象掌握着针对性的权益，这属于制度在制定过程中的本质目的。合作社一般由不同的主体组建，属于多主体经济机构，其权益一方面涵盖单个对象的针对性权益，亦涵盖多个对象的共享权益，就内部整体而言，合作社的权益类别复杂程度较大。究其原因，是因为相关参与者存在占便宜的思想与投机操作。考虑到复杂性带来的影响，另外，权益还同职能、阶层、收入等客观因素互相作用，不同对象群体的权益协调面临不小的困难。合作社三种主体的生活背景、阶层均存在差异，所在的位置及能胜任的工作也存在差异，均具备针对性权益，如入社参与者的土地权益、合作社机构的治理权益、专业代理人的工作所得权益等。以上权益部分由法律或规定界定（如农户土地权益），部分由机构内部条例所界定（如合作社的治理权益），部分由大众公理所给予（如职业代理人的工作所得权益），以上均被大众所接受。在合作社的工作流程中，各群体均具备针对性的权益，不允许因他人的行为而蒙受损失，所以应尽力满足不同群体的合法权益需求。双重委托—代理委托—代理土地股份合作社对入社会员、职业代理人及合作社权益分享的管控策略设计符合孟德斯鸠分权管控模型，并以此展开合理的借鉴与拓展，虽然孟德斯鸡的研究关键在于行政分权，但其对所有制度的初期规划均是一个良好的范本。

三、双重委托—代理委托—代理土地股份合作社权益提升计量

双重委托—代理委托—代理制土地股份合作社在“三权分置”视角下有效地推动农业发展，助力乡村振兴战略的实施。双重委托—代理委托—代理的土地制度改革能从四个方面解决农户权益保护的问题，从而推动乡村振兴战略的实施。

一是土地经营的“变小为大”，可将小块土地连片经营，实现土地相对集中，彻底改变精耕细作的脆弱性、封闭性、分散性和落后性。

假设：r表示现种植面积率（种植面积/可种植面积，其中，分子由现种植及闲置两类土地面积组成）；N表示单位土地能够种植的最高产量；E表示未种植面积

率(未种植面积/可种植面积);x表示普通产量;$x(t)$表示t时产量;q表示单位未种植面积(若种植)的产量;$h(x)$表示单位时间中未种植面积产量;k表示单位时间内未种植面积(若种植)的产量和总产量的比;$k=q\times E$;$k=\frac{h(x)}{x(t)}$。构造Scheafer模型:

$$x(t)=rx\left(1-\frac{x}{N}\right)-E(x)$$

为分析时间t充分后的产量$x(t)$的发展情况,继而根据上述数据分析产量是否合理支持下一阶段的运营,通过求导处理。

$\frac{\mathrm{d}x}{\mathrm{d}t}=0$为平衡点,解得$x_1=0,x_1=N\cdot\left(1-\frac{E}{r}\right)$。

在$E<r$的情况下,x_2为平衡点。$\dot{x}(t)-x\cdot(x-x_2)$,当$0<x<x_2$时,$\dot{x}(t)>0$;$x>x_2$时,$\dot{x}(t)<0$,说明x_1并不稳定,x_2属于稳定的平衡解;则在未种植面积率$E<r$的条件下,才能够获取可持续盈利值;若$E>r$,则有损于产量的提升。$E\cdot x$越小,越对产量的提升有帮助,合作社经过一定的工作使未种植地面积为零(存在经济含义最低)情况的产量$\max\dot{x}(t)$能够取得最大化。当其达到最大化收益之后,大量的农村劳动力在本地从事与第二、三产业有关的经济活动,自然会带动乡村发展,为振兴乡村注入活力和提供动力,一旦条件成熟,乡村会呈现出新的发展面貌。

二是有利于改变土地抛荒现象与农业经营收益的低效。土地抛荒现象与农业经营收益的低效是全球性问题,不是中国特有的,但要振兴乡村必须对此问题高度重视。比如,2008年乌克兰抛荒率为56%,希腊为7%,意大利不到10%。在我国,重庆忠县三汇镇为24%;2012年,我国东部有抛荒行为的农户仅为5.63%。但是西部地区却占到12%,流转率约16%(仅仅比抛荒收益好一点点,并不是现代农业发展模式),这是因为山地农业劳作辛苦,收益低,所以抛荒的比例相对高。更值得担忧的是,土地抛荒的增长幅度出人预料(2017年调查发现,6%~8%的农户土地抛荒数量为0.5~1亩,占农户家庭承包土地的比重为18.5%~37%)。成都市实行双重委托—代理土地制度改革后,其抛荒率仅为0.5%,有效地解决了抛荒问题。没有土地抛荒的乡村才有获得振兴的出路,才有充分利用资源的可能性。

三是改变乡村人的社会认知和社会行为,有效推动乡村资源回归。农业资源外流必然阻碍乡村振兴战略的实施，城市的虹吸效应造成了乡村内部空心化。不过，辽宁大连华鑫村，江苏无锡华西村，山东烟台西关村和牟里村，天津大邱庄，陕西宝鸡东岭村，浙江杭州航民村等的发展模式，彻底重塑了乡村资源，四川省成都市的双重委托—代理委托—代理的做法也在一定程度上改变了人们的认知和行为，是乡村振兴的基本起点。

四是充分保障乡村各个主体的权益，培育各类市场主体。在新的土地制度之下，农业生产由小农经营转变为商品生产，主要依赖科技进步、现代化装备和先进生产手段、设施，农业生产经营过程也由单体性转化为多体性，大大地促进了农业的发展转型，又积极培育了参与农业发展的各类新型主体。只有这样的市场化行为才能带动乡村的各种主体积极参与乡村振兴与发展，做到有的放矢。

假设某农户承包集体耕地N亩用于种植作物，复种指数能达到L，农户合理劳作每亩播种面积平均能够得盈利H元，该农户每年承包地种植盈利Y元。如果该农户青壮年劳动力到外地打工，难以实现耕种N亩地，或由于每亩种植土地盈利H过小而选择粗放种植，把ΔN亩土地撂荒，只在N_1亩（$\Delta N=N-N_1$）土地上劳作，复种指数ΔL减小至L_1的层级（$\Delta L=L-L_1$），粗放经营、能收则收，导致每亩播种土地的平均盈利降低ΔH元，减至H_1元（$\Delta H=H-H_1$），那么这家农户每年从所承包土地面积中可获取土地盈利Y_1：

$$Y_1 = N_1 \cdot L_1 \cdot H_1 = (N - \Delta N)(L - \Delta L)(H - \Delta H)$$

相对于合理耕种而言，这一农户撂荒面积与粗放管理的年土地盈利损失ΔY为：

$$\begin{aligned}\Delta Y &= N \cdot L \cdot H - N_1 \cdot L_1 \cdot H_1 \\ &= N \cdot L \cdot \Delta H + N \cdot (L - \Delta L) \cdot (H - \Delta H) + \Delta N \cdot (L - \Delta L) \cdot (H - \Delta H)\end{aligned}$$

若该农户参加土地股份合作社，该农户的全部N亩土地均获得开发种植，复种指数至L的层级，并获得集约化耕种，将每亩获利从H增加至H^*（$\Delta H=H^*-H$），那么这一农户的土地年盈利Y^*和提升量ΔY^*分别有：

$$Y^* = N \cdot L \cdot H^*$$

$$\Delta Y^* = N \cdot L \cdot \Delta H^*$$

如果合作社形态可确保农民的土地所有权,合理规划土地的用途,并使其所有的土地获利Y^{**}高于农户一般耕种的情况$Y(Y^{**} \geqslant Y)$,继而参与合作社的会员便会对合作社形态产生认同并接纳。因为合作社模式创新能够很好地将农地加以开发使用,集体化运营也会更加节省资源,盈利情况具备Y^{*}是非常合理的,参与合作社的社员从Y^{*}里获取$Y^{**}(Y^{*} \leqslant Y^{**} \geqslant Y)$也指日可待。以目前小型集约化经营平均每亩土地纯收益1500元计,按照流转100亩计算,其年收益为15万元,远远大于两口子在外打工所得,乡村振兴的三大核心要素中的劳动力和土地的作用都能充分得到发挥。

四、相关主体的权益制衡

三大主体的权益诉求不光存在相似性,也存在竞争、矛盾的情况,因此需要在入社社员之间、入社社员及合作社之间、合作社和职业代理人之间实施互相约束策略,以使各群体及机构的工作在相关条例的规定之下进行,使其在不威胁其他群体既得利益的前提下保证自身利益,并使各方面的合法权益处在平衡状态。如此做法能够确保三种不同的群体权益得到良好的保障,杜绝少部分成员(或合作社组织者,或某些霸道的入社社员等)独立左右合作社的工作,导致各主体利益分配不妥,一方权力过大的现象。所以,设计制衡策略是首要工作,用策略制衡不同群体才可维护合作社的良好运行。

(一)入社农户对土地股份合作社其他主体的权益制衡

双重委托—代理委托—代理土地股份合作社基本责任方的权益平衡问题,客观而言属于三方相互约束的策略。入社农民委托合作社通过一定的策略提升其土地的价值及对所得收益展开约束限制,对合作社接受委托土地的附加管理条款及监督行为展开约束。另外,对职业代理人的生产操作及收益水平展开约束,明确土地只接受农业范围内的价值开发,明确职业代理人收益水平的高低不可不受限制,使其收益数据透明化。具体的针对性表现为:

(1)入社参与人行使监督权对,职业代理人的操作进行约束。管理部门及工作者均属于利益享受者，和其他类型（一般为入社农户）主体的诉求本质上既具有相似性也具有不同点，尤其是管理工作者也属于入社参与者时，更是符合上述描述。当管理部门及工作者的管理规划操作同其他群体的需要矛盾时，各单位的意愿更难以得到协调，工作规划也难以进行，有可能造成合作社的生产经营目标难以达成，生产经营任务的顺利开展困难重重，收益规划秩序不良。所以，需安排入社参与者行使决策权制定相关策略，即合作社相关条款的每一项关键事项根据入社参与者一起投票决定。重中之重是明确入社参与者的收益最大化，若存在有损于农民应得权益的经济违规现象，入社人员能够利用社员集会等途径选举新的管理部门工作者。同时，入社会员随时可监控工作者的监管水平、工作绩效，以此来增强土地股份合作社的整体收益，落实对合作社管理部门的权益约束，保护入社会员的所得不受损害。

（2）入社会员利用入社、退社途径对合作社进行约束。双重委托—代理委托—代理土地股份合作社相关条例明确指出：合作社属于非商业目的集体，合作社仅仅抽取总收入的10%作为储备及部门管理所用，其他盈利与合作社无关。合作社身为非营利性部门，属于农户因本质需求或多农户协同建设的公益性“媒介”，部门管理人员及承担部门日常工作运行的工作人员来源于该部门的农户委托人，其在利益划分及分享等问题上已存在共识。动机也被约束在相关条件下，这些约束凭借入社农户的监督权展开，目的是维护社员的土地利益，入社社员参与监管及相关条例的制定，关键事项通过入社社员商讨而产生相关实施办法，而非合作社自己决定，以此实现入社社员及合作社二者的权利平衡。为约束合作社，使其遵守相关的规章制度，入社社员能够核实合作社运行账目及财务流水，也能够对合作社进行审核、责问等，以此有效抑制合作社通过本机构信息不公开的便利提升机构的盈利所得，损害入社社员的收益。若出现相关问题，入社社员能够通过退社的手段对合作社进行约束。为有效降低安全隐患，双重委托—代理委托—代理土地股份合作社利用合作社土地先期限定机制、职业代理人土地使用办法报批等手段，开展土地使用办法的针对性监管。根据《中华人民共和国土地管理法》，农用地只可进行农业生产。政府立法部门的合理权限就是通过有关福利的公共法规详尽地处置有关新生制度的风险产生，并以此调解私人权利界限，协调各方利益冲突。因为农户土地的经济属性和建设用地存在非常大的区别，在利益的驱使下，合作社有可能在非公开情况下违背入社土地使用条例，未经允许便对土地进行规划及建设，严重的还会蓄意将土地改作他用。双重委托—代理委托—代理土地股份合作社相关条例必须依法遵循农地、粮地的针对性规划及使用要求，依照相关条例约束土地的开发，坚决拒绝土地经营权的变化或使用方式的不合理，以此有力地维护合作社的良好秩序，惠农护农。

（3）入社会员对合作社行使监督权。入社会员将土地经营权委托给合作社，目的是很好地维护农户的土地价值，为有效确保农户的土地权益不被合作社的恶意行为所破坏，入社会员参照相关条例所赋予的监督权对合作社的工作进行约束。农户凭借土地所有权入股，每亩约为100股，凭借隶属于行政村、村民小组的户籍证明，只要产权明确就能够申请参加合作社，只要通过股东大会检验无误，农户便可参加合作社。但是，农户申请成为合作社社员需要符合相关规定，签订具有法律效力的合同，而非通过口头约定。通过相关农户愿意遵守的条例规范，农户才能够被合作社接纳，合作社也因此被赋予了相关法律效力，即合作社通过一系列具有法律效力的规章条款能够确保入社会员的土地价值及合法权利，让社员能够合理预估将会获得的收益，且收益分红受到法律保护。如此，加入合作社表明会员对这一机构可运用法律条款约束其工作行为。一种新制度的创立、更替与衍变，旧制度被打破，新制度被确立，即为制度变迁。其内涵代表着效益更优良的制度对效益较低的制度的替代，这一变化为制度从非平衡发展至新平衡的衍变。这是合作社确立的首要背景，即农户凭借自身动机申请成为合作社社员。因此，合作社自身要拥有较强的实力以此引起农户的兴趣，制定具备强大行动指导力的规章条例，不因遇到某些原因及困难就导致合作社或入社农户的利益受到破坏。具备如此的实力才能吸引众多的农户成为社员，才能够使合作社良好地运行。这种动态关系属于博弈的制衡。

（4）入社会员利用沟通及投票手段对合作社的工作进行约束。合作社本质上是负责宏观统筹、承担重要责任的非营利性部门。若合作社难以较好地落实相关工作，入社农户可通过投票的途径撤销或罢免不负责的人员及消极怠工人员，对其所作所为进行约束。更有甚者，若合作社的工作成果难以维护入社社员的利益，参考相关条例，农户能够自愿退社，凭借退社的手段对合作社的工作实行约束，使合作社的工作目标必须以实现入社社员的利益为第一要务，继而维护职业代理人及合作社的利益，否则合作社设立的意义及动机便会遭到大众的问询，严重的还会造成合作社解散。合作社身为相关条例的实施主体，通过强有力的制度维护了人和机构的平衡与安全，其设立的动机便是很好地实现农户、职业代理人等群体的利益共享，并取得平衡，势必存在能够制约权利实施者的群体，对权利的落地进行核查与约束，确保权利在展开环节里能够顺利、公开、公正、高效，以此使得各方利益得到合理的分配。马克思、诺斯、德尔蒙德所阐述的思想，由合作社验证了自适性。合作社通过相关规定，厘清入社会员与合作社的权利、工作及责任，明晰落实权利、所担负责任与工作的流程、途径，保持入社群体及合作社二者的双向制衡状态。

（二）土地股份合作社组织对其他主体的权益制衡

职业经纪人将会受到代理合作社对他们的制约，严格控制其生产经营权，确保职业经纪人上报的生产经营收益情况及其开展的农事活动严格按照合约进行。同时，代理合作社还将针对入社农户的监督权、决策权、管理权、收益权等进行制约，确保职业经纪人能正常进行生产，维持合作社的正常运行，有效地规避入社农户干预职业经纪人的正常生产、经营活动，也预防农户漫天要价的现象发生。

上述即代理合作社的双重委托性质，主要表现为以下几点：

一是入社农户的相关权益受到合作社的制约。

治理入社农户的一些内部机制将由合作社对其进行革新、更改，以确保经过改革、创新后的机制能够充分发挥作用，确保农户的分红要求得以满足，促进农业发展，增加土地利用率。不仅如此，作为入社农户的土地经营权的代理人，合作社还应当确保其相关决策均适用、利于入社农户的土地经营和土地管理。由于各类决策都将承受入社农户不同诉求的压力，因此为保证正确决策的施行，保证土地股份合作社的正常运营，必须约束入社农户的相关行为，最终确保农户的监督权、决策权、管理权和收益权既得以保证，又受到制约。

(1)入社农户的收益权受到合作社的制约。农户以土地承包经营权的形式参股，每100股为一亩，按股受益，而超产受益分红及基本受益分红(1:1)则组成了实际收益。根据合作社相关章程的规定，入社农户的实际收益不得包含生产补贴等其余收益方式，同时还应当去除10%的合作社提留收益。这样的设置是为了排除农户对职业经纪人独享生产补贴的设想，入社的农户可以根据合作社的制度是否到位、职业经纪人的行为是否合理来选择是否拒缴提留收益。如若拒绝缴纳合作社运行所需的提留收益，入社农户则可能会根据总收益金额来进行计量分红，增加自身的福利占比，这些都将以合作社提留权益为代价，甚至牺牲了部分职业经纪人的生产补贴独享收入。

(2)入社农户的决策权受到合作社的制约。入社农户的决策权能够确定职业经纪人的人选，但农户的实际收益结果却又影响其决策权，这便是代理土地股份合作社的双重委托。如若决策不正确或失误，将会影响农户实际的超产分红收益，进而将会影响农户的基本收益分红。因此，入社农户必定会谨慎行使其决策权，以防止其实际收益遭到损害，这同时可以杜绝入社农户出现因信息不畅、熟人关系等原因而出现的拉票、乱投票挑选职业经纪人的现象。如此一来，从根本上限制了入社农户的决策权，让其在行使权利时保持公正、严谨，用收益作为载体，利用表决的手段，对入社农户的实际决策权进行有效的约束。奥尔森的“利益集团理论”早已对此现象进行了阐述，每一位投票者会首先注意自身的利益所得，所以每一次投票的正确性便是保证自身利益不被损害的方法。

(3)入社农户的监督权受到合作社的制约。职业经纪人的合约执行情况及合作社的运行都由入社农户来监督，这是制度赋予他们的权利，这样能够更好地确保入社农户的权益，最终实现权利约束。成都市的土地股份合作社就曾规定，入社农户一旦选定了职业经纪人，便只能监督其努力程度及其是否根据合约开展生产经营活动，如若职业经纪人出现不合规的财务处理，改变土地用途、经营方向等情况也可对其进行监督。除此之外，入社农户无权对其经营手段、方式进行制约、影响,不得干预其生产经营过程。这样的设定是为了预防入社农户滥用其监督权,预防非制度设计范围内的事情发生,进而使集体福利、经济利益免遭损害。

(4)入社农户的权益实现及入社动机受到合作社的制约。如若入社农户的动机不正确,则其入社后很可能出现对职业经纪人的监督、对合作社组织管理的监督不到位的情形,甚至会出现放弃对社内重大事项决策投票的权利,这样的情况往往会影响合作社的实际收益分红,致使分红无法达成最初的预设目标。因此,章程里明确规定,合作社应当结合农户的入社动机及其义务进行考量。入社农户可根据财务会计报告、股东大会记录等对合作社的工作进展提出批评、质疑,进而确保社员的分红收益得以实现。农户一旦入社就必须服从合作社的统一管理、规划,支持合作社的相关土地储备、管理、开发等工作,以合作社的共同利益为大前提。另外,农户入社后将会受到入社监督权和决策权的制约,以实现义务与权利相匹配,进而促进土地股份合作社的发展。成都市的土地股份合作社对于传统的合作社机制进行了创新、改革,使这样的经济组织不但具备一般合作社应当具备的各类特征,还在效率、要素配置方面展现了极大的优势。对实际农业模式产生收益的不满足促使入社农户加快了向新制度过渡的步伐,进而不断提升农户的实际收益预期。

二是职业经纪人受到合作社的制约,主要表现为:

(1)职业经纪人的成本和产出预算、生产经营计划受到合作社的制约。根据成都市的土地股份合作社的有关规定,当成本和产出预算、生产计划制定完成后,职业经纪人应当将其提交给合作社进行审核、评估。随后,合作社会将该计划提交给社员进行表决,各位入社农户将可以根据自身对土地的实际产出的期望及要求,对职业经纪人提交的成本和产出预算、生产计划进行评估。若多数农户投票通过了该项计划,合作社会将计划交由职业经纪人实施;如若超半数不同意,未通过投票,则需将计划和预算中不合理的地方提出来,由社员进行讨论,并将不合理的地方告知职业经纪人,责令其进行修改。职业经纪人对计划或预算中不合理的部分进行调整直至超半数农户投票通过。这是为了避免职业经纪人出于个体的自利和理性而做出损害集体利益的行为。在现实中,因为不可抗因素的存在,既定计划在实施中常常会遇到一些阻碍和困难，达不到预期结果，特别是在遭受大的市场危机或者是重大自然灾害的时候，此时职业经纪人的既定计划就变得很难实施下去。此时，合作社会紧急召开社员大会，在会上将整体情况向社员们做出详细完备的解释说明，在获得大多数社员的同意后可以采取一系列措施，重新对计划进行修改、审核，有针对性地解决暴露出的问题。在分红这一方面，无论是保底分红，固定货币分红，还是以大米等实物计价分红，都归属于一定的协商制度，而协商制度在成都市的农村土地股份合作社中占据着十分重要的地位。协商制度主要通过建立一个人们能够相互作用的较为稳定的，但不一定是有效的结构来降低不确定性，其在本质上也意味着一种制约。这种制约作用，使得成都市的土地股份合作社已有的制度能够在实际生活中实施，以及保证合作社的长期稳定发展。一方面，制约职业经纪人在代理合作社土地生产经营方面的行为和其自身的权益实现，有助于从根源上保证入社农户的合法收益权以及职业经纪人代理土地的合法收益。另一方面，该举措也能促进合作社的发展，具体条例措施主要由合作社组织经过投票决策，并监督其实施。

(2)对职业经纪人在土地用途方面的监督制衡。土地股份合作社作为主管者，将自愿入社的农民所有的土地进行整合集中，然后交由职业经纪人，此时职业经纪人拥有了土地的经营权，合作社可以通过负责监督的机构监事会、负责管理的机构董事会来对职业经纪人的行为进行监督和审查，督促农用地农用的切实实施，从而达到对合作社和职业经纪人进行监督制衡的目的，并且这一行为需要大多数社员投票通过后才能够实施。

(3)合作社对职业经纪人在进行生产经营活动方面的扶助以及监管制衡。合作社需要对职业经纪人制定出的生产经营计划、产出预算、成本预算以及是否能够做到在秋播开始前的9月份切实完成各项计划这一系列活动进行监管，并承担组织社员大会对计划进行讨论、修改和不断完善的责任，并在此之后对职业经纪人进行监管，主要是对其所制定计划的实施阶段的各项生产活动进行监督，主要内容为职业经纪人是否切实准确地按照社员大会审议通过的成本、产出预算以及生产计划进行生产经营活动，并确定其有无违反相关法律的行为。合作社采取

“边引进、边培育、边扶持、边督导”的原则与方式，运用将职业经纪人的自我培养和招聘相结合的机制，并将职业经纪人和农户的生产经营活动结合起来，从而再一次达到监督职业经纪人的目的。另一方面，合作社执行出资人(集合农户的土地资本)的应有职责，将管控建立在年度业务计划上，对职业经纪人的经营过程实施管控，并对其在经营过程中遇到的实际困难实施帮扶。但帮扶行为并非无条件资助或者减少分享的收益等，而是在其需要的市场拓展、政策解读和合作社信息沟通方面进行帮助。这种帮扶本质上也属于对职业经纪人行为制衡的一部分，这是实现对职业经纪人进行强力监督的内在机制设计，它能最大限度地避免职业经纪人在自利的引诱下损害农户的利益。

(三)职业经纪人对土地股份合作社其他主体的权益制衡

万物皆有双面性，同理，职业经纪人不能被单方面制衡管控，也需对入社农户与合作社的各方面权益进行制衡，以此来保证其未来的生产经营活动在正常范围内能够自由进行而不受无缘无故的干扰。职业经纪人本质上属于双重委托——作为代理土地股份合作社的一个主体，他也需要履行对其他两类主体的反制衡职责，主要表现为以下方面。

(1)履行对合作社收益权、监督权和管理权的制衡。职业经纪人主要通过生产经营合约机制来达到监督和管理的目的，并通过此制衡保证自身的收益权，其收益权中包括独享政府补贴收益和超过预期产量时的收益分红。当职业经纪人自身应有的权利受到侵害时，可以采取退出合约等方式使得另外两方主体与其一同权益受损，这一项措施尤其可以运用在衡量管理权和监督权是否被滥用的情况下，因为一旦一方权益增多必然意味着另一方权益减少。另外，合作社协商机制中主要涵盖的内容是关于入社农户的超产收益分享的。当特殊年份或特殊情况影响到职业经纪人的既定计划时，合作社将启动协商制度，前文已述及。这种协商制度也是对合作社实施监督和管理行为的制约，避免合作社依据民意强行要求职业经纪人完全按照原比例进行利益分配。事实上，职业经纪人仅仅需要完成合作社制定的10%的提留合约，在超产的情况下，其收益分享的50%和政府给予其的补贴必须由其本人一人享有，合作社不得随便更改既定合约条例，对于职业经纪人这部分的合法收益也无权进行分割。当职业经纪人的生产收益得不到保证或被分割的情况出现时，其可以以退社来保证自身的应有权益，这种方式也能实现对合作社在监督权和管理权方面的制衡，即不能够单方面倾向于增加入社农户的利益而不顾职业经纪人的应得利益。这一举措也可以避免入社农户侵犯或擅自更改职业经纪人合法合理的收益界限，从而构成在相对公平、固定的界限范围之内实现双方或几方相互制约的机制。如果做不到这一点，合作社就不足以成为一个完整的制衡组织，此时合作社也便失去了其意义，也就不能够被称为合作社了。

(2)职业经纪人能制衡入社农户的决策权、收益权。为了保证职业经纪人的入社、退社自由权，合作社专门单独招收应聘他们，从而起到了制衡入社农户决策权、收益权的作用。合约的机制就是入社农户和职业经纪人相互约束的方法。为了履行合约中约定好的条款，无论其收益的多少，额度的大小都是职业经纪人的收益独占，防止经纪人的生产权益被侵犯或者干涉，约定了首先确保入社农户的基本收益能得到保证，然后是他们超产收益分享的部分。尤其是合作社规定早就清楚地提及来自政府的生产补贴，不能借助社员大会等方式再次商议收益分享的比例和额度，哪怕是拥有决策权的入社农户。一旦这种情况发生了，极有可能一损俱损，借助退社的办法职业经纪人使得合作社的生产经营陷入停滞。这种情况是任何一方都不想面对的、最具威胁性的局面。因此，这种通过职业经纪人约束入社农户监督权、收益权等权利的方法，不允许入社农户因为具有决策权就要求再次商议收益分享的比例和额度，保障了不会因为职业经纪人收益大而让入社农户眼红的情形，有效地保障了入社农户的各种权利被职业经纪人约束。

五、双重委托—代理委托—代理土地股份合作社经营的博弈均衡

双重委托—代理委托—代理经营机制，可能会出现规章原本没有缺漏，却被非理性的个别成员否定；或者没有完善的制度，在执行过程中产生许多不良影响甚至矛盾，导致很多人的不信任感，所以就得一直完善与修正这个机制。在第一

种可能出现时，应该坚持执行机制，并教育个别群众为集体考虑。在第二种可能出现时，为了让群众接受和认可，应该在制度补充、完善、修改之后再执行。为了确保成员行为的规范、成员意志的统一，只有在大多数合作社成员都同意的时候，才能谨慎修改原本商议过的内部规则，避免朝令夕改。

（一）土地利用的博弈均衡

职业经纪人、合作社和入社农户之间的博弈，其重点为粮用与非粮用、土地的农用与非农用、利益分红。土地利用上可以视作静态双主体博弈，由于运行双重委托—代理机制，形成了固定化的契约。这些具体的博弈运行机制体现在：

（1）最直接的博弈立足点是，职业经纪人希望把土地用于非农生产，而入社农户和合作社则希望保证土地农用化和土地的收益分红，用于粮食生产。入社农户和合作社（因有制度在先）不同意职业经纪人改变土地用途的更容易获取收益的方法。所以，职业经纪人只能费尽心力达到最大化的土地经营收益。假设单纯是考虑不同的经济收益就可以直接将农用转成非农用，三者很容易就能得到一致结果。职业经纪人由于被制度所框定，想要提升超产分享和独享收益部分且增加土地收益，不得不采取小春非农作物计划、提高复种指数等方法。职业经纪人努力寻找最为合理并对自己最为有利的方案。

（2）合作社和入社农户为防止职业经纪人出现违规违约使用土地的行为，使用手中的决策权和监督权约束职业经纪人，要求职业经纪人把土地用于粮食生产，并要求职业经纪人要确保农户的10%的提留收益、超产收益分红和500元/亩的基本收益分红。假如经纪人不按照这个约定，可能会出现重新界定利益分享的现象（会违背合作社章程，三方都要承担风险），甚至被解除合约关系。所以在合作社章程中，坚持土地的农业生产用途，执行按照事先的契约规定的收益分享。

（3）成都市的土地股份合作社创新了合作社制度运行的机制，在入社农户拥有承包期内不变的土地经营权资产的同时，可以将其作为资产而入股，但并不因加入合作社就变更这一所有权属。

(二)土地经营权委托的成本博弈

在双重委托—代理委托—代理土地股份合作社中,职业经纪人、入社农户和合作社在土地经营权问题上的博弈很明显会影响成本博弈问题。为了维护合作社的发展,必须建设比较固定的机制。

(1)土地经营权委托给合作社,农户只需要付出搜寻成本和机会成本,确保合作社可以保障以委托的土地实现预期的分红收益即可,成本并不高。只要在入社前农户充分了解相关合作社的底细,将来就能够达到预期的收益分享。在关注合作社代理土地经营权潜在的逆向选择问题和道德风险的同时,还需要付出一些加入合作社的时间成本,这时候,很大的时间成本需要合作社为了吸引农户入社而花费。

(2)作为代理方,将入社土地经营权委托给职业经纪人,合作社需要花费包括不可控成本、监督成本、监督和招聘职业经纪人的搜寻成本在内的更多成本,还有万一职业经纪人对土地进行违规违约经营等而导致的违约成本。

(3)对于职业经纪人,主要有受委托后的生产垫付成本和受聘的组织成本等接受委托的成本。因为垫付生产成本较高,职业经纪人当然想让农户能够先垫付部分生产成本,有了收益后归还给农户,他们围绕着垫付问题,更加关注怎样少垫付,以及垫付成本的形式。所以,在成都市的农村土地股份合作社土地经营权委托方面,假设其成本博弈只包括监督成本、机会成本(因代理人做出的选择不是最好的而产生的损失)、激励成本、不可控成本(在不完全契约下无法控制代理人进行不正当行为而导致委托人受到的损失)、搜寻成本。

假设1:信息不对称性;

假设2:代理人为理性经济人;

假设3:委托人对代理人的激励是土地代理分红的最大化;

假设4:委托人监管代理人的成本最小化。

搜寻适合合作社发展的职业经纪人,影响因素很多,如时间长度及不对称信息的成本,只有在长度越长,以及成本越小的前提下,才能提高找到的可能。但是搜寻时间也不能无限延长，搜寻时间同边际收益密切相关，收益会随着时间的延长递减。合作社获得职业经纪人的有效收益$E(t)$是合作社搜寻时间t的增函数，但其增长幅度是递减的，一阶导数$\frac{\mathrm{d}E(t)}{\mathrm{d}t}>0$恒成立，而二阶导数$\frac{\mathrm{d}^2C(t)}{\mathrm{d}t^2}\geqslant 0$恒成立。同时，搜寻需要成本，包括信息获取成本、人力成本、招聘成本等，假定搜寻成本$C(t)$随着时间的延长而提高，且边际成本递增，亦即表达式为一阶导数$\frac{\mathrm{d}C(t)}{\mathrm{d}t}>0$，二阶导数$\frac{\mathrm{d}^2C(t)}{\mathrm{d}t^2}>0$。可知，合理搜寻的时间选择应该是获得代理人的边际收益等于边际成本，$\frac{\mathrm{d}E(t)}{\mathrm{d}t}=\frac{\mathrm{d}C(t)}{\mathrm{d}t}$，这时代表入社农户的合作社得到最大的净收益，付出的最优搜寻成本为$E(t)=C(t)$时的C。为减小代理人道德风险行为而付出的代价属于激励成本（激励机制设计成本、激励机制运行成本）。代理人的道德行为会受到约束机制的监督和控制，这些是由委托人设计的。而且约束机制可以双向促进，也有助于减少代理人道德风险带来的损失。低成本委托—代理机制也因为上述的制度设计应运而生，完成了成本最小化的进程，成本主要集中在两个方面，一是农户对合作社的委托成本，二是合作社委托给代理人的成本。

（三）土地经营权代理的收益博弈均衡

双重委托—合作经济组织的组成在于，一方土地代理权的基础在于农户自愿，并且代理土地股份合作社的职业经纪人知情。与此同时，针对农户年分红500元/亩的基本要求和超产收益的50%的策略信息需要明确掌握，而针对超额收益分红的5:5分成的合理性采取怀疑策略。这存在的问题之一是职业经纪人行为上可能虚报经济状况，主要发生在职业经纪人因为盈利好而产生基本收益之外的利益分红时，主要表现是对于超出基本收益的收益状况进行故意的隐瞒。为了给双方博弈中的契约签订留下余地，农户对职业经纪人也在进行监督，通过掌握经营情况不完全信息以及对于职业经纪人实际产生（或者说是上报的）的收益会更高的猜测，以保证自身500元/亩的基本收益为前提，根据契约规定，农户参与在500元/亩的基本收益的基础上对职业经纪人超出部分的收益进行分红。这场土地利用的博弈，合作社作为中间方，也同代理人和委托人一同相互制衡，形成了合作社不参与其他收益分享，只参与分享基本收益分红的10%作为提留的最终博弈结果。主要表现为，在对接职业经纪人方面，在农户的分红问题上发挥作用并加强作为管理机构而收取一定管理费的职能，以保证基本分红为基础，将农户超产分红作为之后不断努力的方向；但在提高农户超产分红的同时也需要对农户分红加以控制，避免其对分红诉求太高而影响职业经纪人的正常经营，发挥同入社农户博弈的作用。在合作社看来，对入社农户土地经营权代理的收益以及通过代理所获得的收益是将公积金进行最大化的抽取。因此，具备正向激励的博弈才是土地股份合作社的制度设计所需要的。

土地股份合作社收益的博弈模型（U_i代表效用）

土地股份合作社农户	忽视激励	注重激励
积极对待	U_1	U_2
消极对待	U_3	U_4

假设在土地股份合作社忽视激励的概率是q，农户积极参与的概率是p，在双方都消极对待时的效用$U_3<0$，土地股份合作社的收益

$$E = [U_1 \cdot p + U_3(1-p)] \cdot q + [U_2 \cdot p + U_4 \cdot (1-p)] \cdot (1-q)$$

$E_1=0$时，$q = \dfrac{U_2 \cdot p + U_4 \cdot (1-p)}{(U_2 - U_1) \cdot p + (U_4 - U_3) \cdot (1-p)}$

令$q_0 = \dfrac{U_2 \cdot p + U_4 \cdot (1-p)}{(U_2 - U_1) \cdot p + (U_4 - U_3) \cdot (1-p)}$

若$q < q_0$，则$E>0$，土地股份合作社会不进行激励，此时不影响农户获利，农户收益的增加体现在q增加，导致E下降，土地股份合作社会进行激励，鼓舞农户积极对待自身利益的上升，此时增加了激励成本，E在上升一段时间后仍旧会下降。为此，采用对E求一阶偏导的方式来使土地股份合作社收益达到均衡，令其等于0，便会求出均衡时的p、q，此时的E则为均衡收益。

$$\begin{cases} \dfrac{\partial E}{\partial p} = 0 \\ \dfrac{\partial E}{\partial q} = 0 \end{cases}$$

$$\Rightarrow \begin{cases} q = \dfrac{U_4 - U_2}{U_1 - U_2 - U_3 - U_4} \\ p = \dfrac{U_4 - U_2}{U_1 - U_2 - U_3 - U_4} \end{cases}$$

将入社农户、职业经纪人和合作社三方的基本利益诉求的满足作为博弈均衡的最终结果，即上述的E最大时，表示“与此相关的任何一方应该从新的计量系统中获得更多的利益”。

通过结合博弈理论进行分析，我们发现，在成都市的农村土地股份合作社的双重委托—代理经营机制中三方参与者（入社农户、合作社和职业经纪人）是博弈的主要要素。不同于其他的两两博弈，它是委托—代理的三方博弈，实现的是入社农户、合作社和职业经纪人三方制衡模式并达到三方利益的相互促进，不损害任何一方利益，方式为入社农户将土地经营权委托给合作社，然后经合作社再次委托给职业经纪人代理，由职业经纪人垫付生产成本进行经营。在整个过程中信息建设需要完全公开透明化，且不区分主导与从属地位，从而通过三者相互制衡实现合作社双重委托—代理机制的持续均衡。

第五章

农民承包地“三权分置”视角下新模式对农民土地权益保护的收益分析

第五章　农民承包地“三权分置”视角下新模式对农民土地权益保护的收益分析

戴维斯、诺思曾指出，对于创新者获得追加，使参与者能够预期到创新的净收益大于预期的成本，这是一种制度创新，是现存制度的变革。而未来的收益的增加，离不开主动地、人为地改变现有制度中阻碍创新的因素。也就是说，这是双重委托—代理委托—代理股份合作社收益分享机制创新的原动力，也是其创新模式的理论源泉。在市场经济条件下，利益分配问题是最核心的问题。成都市的土地股份合作社最大限度地兼顾了入社农户、职业经纪人和合作社各方的利益诉求，使成都市的农民乐意参与组建土地股份合作社，职业经纪人有动力千方百计搞好合作社的土地生产经营，合作社也在土地股份合作社的成长中增强了自身的造血功能。双重委托—代理委托—代理土地股份合作社合理的收益分配机制，推动了合作社的蓬勃发展。

一、双重委托—代理委托—代理土地股份合作社的收益目标

（一）对农村集体土地家庭承包经营的改革与完善

从开始出现至今，在农村集体土地家庭承包经营的大背景中，我们国家经历了经济社会发展的巨变。这些主要体现于农业GDP占比缩小至约10%，并且依旧持续缩小，而工商业迅猛发展，第二、三产业GDP总和的占比已达90%左右。城镇化的进程在常住人口数、城镇化率等数据中展示了加快的趋势，城镇常住人口已超过总人口的一半。综观农业产品生产在世界上的排名，我国的大宗农产品生产已占首位，主要农产品供求平衡、品种丰富，且重要农产品储备充足。农业急

剧转化为商品生产,也一改以往半自给自足的模式,因此,追求更高收入已经成为农民从事农业生产的最大目标。现今农业的市场风险明显加大,基于国内外农业要素市场、产品市场的基本形成,农业发展竞争在国内不同区域间以及不同国家和区域间十分激烈。以我国现今的农业实力,我们被称为"农业大国",但要想成为农业强国还有很长的路要走。农业基础也由于耕地资源和水资源的紧缺具有薄弱的特点,并有诸多影响农业发展的相关困难和考验我们的问题,如装备未与时俱进、先进技术未很好实施、农户经营规模小等这使农业劳动生产率和土地产出率低,生产成本高,市场竞争力弱,也使农产品安全存在一定风险。

面对新形势,促进农业发展更主要的是集中力量应对制度创新,同时与增加投入、加强基础设施建设、促进科技进步等相结合,为推动农业新发展和现代化转型提供有力支撑。与此同时,土地问题也是农业发展的重要因素,其中重要的问题突破口是土地制度的创新。目前,农户享有承包地的经营权、收益权及其他用益物权,农村土地属集体所有,由农户承包经营。现行的农村土地制度不可轻易变更,因为其不仅得到了国家法律的认同,也是农民普遍理解的,具有巨大的经济和社会影响力。正因如此,农村土地制度要想完成创新,就只能是在家庭承包经营制上下功夫,不断寻求新的突破口,如农户承包地经营权的实现。农业发展和现代化转型的促进,离不开先进的生产经营方式、先进的适用技术,以及农户承包地经营权实现途径和形式的创新。综上所述,本文所指的农村土地制度创新是对农村集体土地家庭承包经营制的完善,同现行土地制度的关系,不是否定,更不是推倒重来。为适应新形势,农户承包地经营权的行使方式也得到了创新。

(二)促进农地资源的充分有效利用

就现有情况来看,虽然我国地域辽阔,但是依旧存在农地资源严重不足的情况。而土地是农业发展的必要因素,是基本的农业生产资源。人均耕地资源少、质量低、后备资源稀缺、与水资源不匹配等问题,制约着我国农业发展的速度。而现今农业发展的基本选择,是在充分有效利用现有耕地的基础上,考虑耕地面积潜力需要不断挖掘及实施难度大的问题。充分有效利用耕地需要考虑的方面包括应用尽用、耕地产出水平的提高、耕地的改良和耕地质量提升。

在农产品供给充足的同时，我国的工业化进程也在加快，大量农村劳动力特别是青壮年劳动力，更倾向于选择工商部门就业挣取工资，来增加家庭收入。这有一个演变过程，农村也由之前的农村劳动力过剩到现今的放弃农业就业而转入非农就业。开始的原因在于农业部门不能完全容纳大量的劳动力，因而转入工商业部门（非农部门）就业的是农业部门容纳不下的人员。其后因为发生了农业效益低、农业劳动收入低的问题，现有就业发生了农业主体劳动力外流的情况，不少地区甚至出现了只有不能外出务工的老人在乡下从事农业生产的情形。因此，在逆转农村劳动力供过于求的局面时，出现了劳动力欠缺严重、素质（体能和技能）大幅下降的困境。由于劳动力的欠缺，农村出现了承包地撂荒的现象，而农户选择全家外出务工，并且从开始的劣等地撂荒逐渐演变成优质地撂荒，甚至将全部承包地撂荒。有的耕地产出水平，因为劳动力有限而降低，多同复种指数降低、将省工作物作为优选项、经营模式粗放等因素有关。

撂荒的另一部分原因是随着城镇化的推进，农户在自身能力提高后选择离开农村，进入城镇创业、就业和生活，但是承包地还在保留状态下。现在每年选择进入城镇的农民数量不少，而他们大多在农村拥有自己的承包地，但出现了利用困难的问题，未被利用也非罕见，这对于土地来说，是一种极大的浪费和损失。

现今已经出现耕地资源紧缺的情况，为保障经济社会的稳定发展，需要解决农业和农村发展的突出问题，即现有耕地保护和充分有效利用的问题。问题的出现与发展主要在于工业化和城镇化对农户承包地利用的冲击、大量劳动力离农和大量农民离乡进入城镇、耕地撂荒和粗放经营。这一形势下的农村土地制度创新，一个重要的任务就是从制度层面针对农地的充分有效利用问题进行具有实际意义的创新。创新的思路主要是通过一种便捷而低成本的途径，以保障农民土地权益（土地承包权、承包地经营权和收益权等）和自愿互利为基础，以达到充分有效地利用农地资源为目的，集中农户因不愿或无力等原因未进行耕种的土地，委托给有志于农业创业又具备生产经营能力的主体生产经营。并且，因为集中管理，所以农业生产的新发展模式应采用先进技术和现代化经营方式，最后使让出土地经营权的农户和生产经营主体都可以获益。

(三)推进农业发展和实现农业现代化

改革开放后的40余年,国家经济实力快速增强的同时,产业结构也随之发生了调整,传统农业国向现代化工业国进军的步伐正以前所未有的速度加快。这个大跨步,向农业发展和现代化转型提出了新的要求。部分生产要素从农村流向城镇、由农业流向非农产业,制造业、服务业产值及增加值剧增、占比提高,农业产值和增加值虽也在增加但占比下降,城镇人口数量增加且占比上升,农村人口数量减少且占比下降,农民收入中农业收入增长较慢且占比下降,而非农收入增长较快且占比上升。农村土地制度创新的目标也应在此基础上与时俱进,致力于在工业化和城镇化进程中保持农业发展、推进农业现代化。

从中国国内人口的需求来看,作为世界第一人口大国,我们在衣食方面的需求是巨大的。为推进农业发展、促进农业现代化,保障人民基本生计的需要、保障国家安全,我国需要主要依靠自己解决人民的衣食问题。我国依旧存在发展基础薄弱的问题,其原因在于生产方式落后,劳动生产率低下,市场竞争力不强。农业大国变为农业强国是需要以加快农业发展并实现现代化为基础的。中国作为发展中的经济大国,出现了工业经济与农业经济、城镇经济与农村经济发展不协调的问题。主要表现为工业化和城镇化进程较快,而农业现代化进程较慢,这对农业和农村经济发展乃至整个国民经济的发展是不利的。工业化、城镇化和农业现代化的协调和互促互补,是可以通过加快农业发展、推动其现代化来实现的。因此,在发展第二、三产业就业岗位的同时,必须发挥农业在劳动力就业方面的作用。同时,农业在解决劳动力就业方面,有着不可低估的潜力,因为中国农业规模巨大、类型繁多、部门齐全、产品丰富多样,市场需求旺盛。为了持久、有效、稳定地支撑国计民生,为了发挥农业的巨大作用,在经济社会发展中农业这个基础产业更应受到应有的重视。农业发展的隐患在于:农村集体土地家庭承包经营形成的小农生产成本高、效率和效益低,难以充分发挥农业的作用与功能,并且难以抵抗工业化、城镇化对土地家庭承包经营的冲击。为了使其更好地发挥国民经济的基础作用,需要通过农村土地制度创新来扭转农业发展的不利局面,显著改善当前农地利用中存在的撂荒和粗放经营状况,提高农地产出率、农业劳动生产率和农业效益，通过统一管理分散农户以及农户无力耕种或不愿耕种的土地，通过构造新型农业生产经营组织、培育新型农业生产经营主体、创建新型农业生产经营模式、采用现代生产经营技术和方式，促进农业的发展和现代化转型。

二、双重委托—代理委托—代理土地股份合作社的收益

（一）双重委托—代理委托—代理土地股份合作社的收益来源

在双重委托—代理委托—代理土地股份合作社的收益中，土地生产经营的增加值为主要收益来源，政府对农业的生产（主要是粮油生产）补贴为次要收益来源。由合作社、生产经营者、入社农户三者共同分得土地股份合作社的收益，土地股份合作社的收益提取自生产经营者和入社农户少量分享的公积金，这是由于合作社是入社农户自己的经济组织，无其他经济收入。土地股份合作社的收益分享与自身的生存和发展、生产经营者的劳动所得以及入社农户的土地利益有直接关系。收益分享的合理公平能为相关主体的正当诉求和合法权益提供保障，为相关主体利益关系的平衡与协调奠定基础，同时为合作社的生存和发展做好铺垫。若收益分享失去了公正性，则会造成相关主体的利益关系出现冲突和矛盾，甚至会导致土地股份合作社的解体。在土地股份合作社收益有限的前提下，在收益分享上相关主体（尤其是生产经营者和入社农户两个主要主体）存在相互竞争的关系。此时，一套行之有效的调节机制是十分必要的。在实际运作过程中，土地股份合作社在分享方式、分享标准、分享依据方面有所突破。

根据双重委托—代理委托—代理土地股份合作社的有关章程要求，收益分享机制被设计如下。

农户收益：500元/亩+超额收益的50%；

经纪人收益：总收入-500元/亩（农户基本收益）-510元/亩（生产成本）-超额收益的50%+政府生产补贴；

合作社收益：[800斤水稻/（亩·年）×市场价+650斤小麦/（亩·年）×市场价-510元/亩]×10%。

510元/亩为生产成本，其中310元/亩由经纪人先期垫付，200元/亩由农户先

期垫付。在非自然灾害的情况下，在收获后返还农户之前垫付的200元/亩；假如收入受损是由经营原因导致的，经纪人则完全支付510元/亩的生产成本。

成都市的土地股份合作社收益分享机制有很大的优势，具体来讲有以下三个方面：

一是收益是由部分市场价格来设定其10%的收益，经纪人则提供给合作社市场固定产量，这样有利于合作社稳固市场行为与生产经营的对接，以及最大化自身10%的提留收益。

二是经纪人的收益与自身的经营状况高度相关，既要支付农户500元/亩的基本收益，也要支付510元/亩的生产成本，还要支付合作社固定产量市场价格的10%，超额收益部分还需与农户对半分成。获得超额收益是经纪人的根本动力所在。同时，它也与独享的政府生产补贴高度相关，超额收益愈高，政府补贴愈高，这就促使经纪人努力增加单亩粮食产量，以提升自己的收益。

三是农户的利益分享由经纪人经营超额收益的50%与自身的基本收入（500元/亩）共同组成，经纪人超额收益的50%是农户的发力点，这个发力点使他们有动力关注市场价格、市场行为，以及对经纪人的经营进行监督，这样有利于扩大农户自身的收益。双重委托—代理委托—代理土地股份合作社，有利于促进农户、经纪人、合作社三者的积极性，稳固三者之间的关系，使三者之间的合作和谐有序地进行下去。

（二）双重委托—代理委托—代理土地股份合作社的收益水平

当双重委托—代理委托—代理土地股份合作社收益不好（股份分红很低）时，农户可收回自己承包地的经营权，撤销与土地股份合作社的委托—代理关系。在成都市的土地股份合作社中，经纪人从合作社承包土地经营后，则给予合作社以固定回报和盈余分红，合作社除了上述收益还有各种补贴收益。合作社外部生产经营、销售交给经纪人了，但自己同时开展一些对内对外农业服务。成都市的土地股份合作社在实际运行中将基本分红实际上全部给了入社社员。合作社真正的收益包括提留经纪人盈余返还中的极少一部分、农业服务以及补贴收益。成都市的土地股份合作社是公益性质的组织，它的收入来自少量提留、运行收费以及政府财政投入，这也成为双重委托—代理委托—代理模式能够运转的关键。合作社成为入社农户的代理人，其自身能够顺利地运转是为农民的土地权益提供保障、为农民土地分红的要求提供制度保证的首要前提。为了达到该目的，合作社的收益必须有一定的来源，而且要稳定，否则合作社也无法正常运转。合作社作为土地经营权的委托人，则需要对经纪人的生产经营进行监督和管理，在生产期间需要垫付或付出一定的成本。所以，合作社也要收取一定的管理费，然而并不是所有的费用都可以收取的，比如组织社员大会等基本经济活动就不可以收取任何费用。因此，合作社需要在运转的过程中尽可能缩减成本，提高运行效率，保证其收益的稳定性和成本支出的可控性。合作社为了自身可持续发展的需要，遵循了“低收费、少提留”的原则，不仅要尽量缩减收费，尽量缩减提留土地收益，还需要将提留和收费保证在可控范围内，以保障合作社的正常运转。

（三）双重委托—代理委托—代理土地股份合作社的收益波动

双重委托—代理委托—代理土地股份合作社其实有一定的收益渠道，其中主要包括政府的一些支持和运行方面收取的费用。但事实上，这个收益并不是特别稳定，会有不同程度的上涨或者下跌，这取决于运行方面收取的费用和经纪人利润的提留。首先，运行收费主要是根据合作社发展的业务所需以及提供的服务数量和质量，向服务对象收取一定的费用，其主要对象是经纪人，但收费不高，并且还要取决于经纪人的经营收益水平。当经纪人的经营收益受到自然灾害等影响时，入社农户的分红利益会受到冲击，甚至最基本的利益也会受到波及。那时，合作社获得的费用自然也会减少，出现小规模波动。另外，合作社为了维持自身基本的需求和利益，也向农户收取一定的费用。当然，这个也是相对收取的费用。随着收费的上浮或下降，合作社的收益也会相应地呈现上浮或下降的趋势。所以说，这种收入来源并不稳定，对于局部地区来说，这种收益的波动性可能不是很大，但是对于一个以公益性、服务性为宗旨的合作社来说，则是其能否正常运行的重要因素之一。

三、双重委托—代理委托—代理土地股份合作社收益的农户分享

（一）双重委托—代理委托—代理土地股份合作社收益的农户优先分享

在收益的分配当中，占主导地位的一定是农户。其实，这也是为了更好地维护农民的利益，让农民过上幸福美满生活的一种制度创新。因此在分配的时候，农民的利益也就被放在了重要的位置。这种委托合作的方式是一种全新的方式，是可以保证农民收入稳定的一种创新。这一模式包括两部分，一是基础分红，二是超产部分的分红。超产部分的盈利会按一定的比例分享给农民。而且，要保证入社农户500元/亩的基本收益优先得到保证。通过这种模式的创新，让农民获得更多的收益，从而真正地让农民有饭吃，有衣穿，进而带动农村的经济发展。

（二）双重委托—代理委托—代理土地股份合作社收益的农户基准分红分享

在这种模式中，农户只要将自己的经营权交给合作社，然后合作社将采用一定的方法让土地产生效益。在这种模式下，不仅让农民享有土地的分红，还提供就业的机会，让农民真正拥有自己的收入渠道，使合作社成为一个真正的生态、文明、共建、共享的农村公益组织。入社农户需垫付每亩200元的成本费用，后期生产结束会归还给农民。入社农户是否垫付生产成本，是否足额垫付生产成本都对最后的土地实际收益有着非常明显的影响：如果入社农户不垫付生产成本，土地生产经营可能无法开展，更别提土地收益与保底分红；如果入社农户不能足额垫付生产成本，可能造成经纪人由于资金不足，无法高质量、高效率地开展农事活动，最终造成农产品的歉收、最低的分红和土地获利的急剧减少。

假设介绍农村所获得的利润的时候，经营所获得的利润为y_1，每亩的产值为p_1，在合作社中的基本分红和超产部分的分红分别为y_{21}、y_{22}，这种基本的配比为k，在入股合作社之后去参加其他工作的利润为y_3。

假设一：农户意外收入规定包含超产分红，设y_3为定值；

假设二：经营管理后必然会产量增加；

假设三：农民比较理性。

由假设得：$y_{21} = k \times p_1$

由于意外收入规定包含超产分红，故$y_1^3 \geqslant y_{21} + y_3$，所以$k \leqslant \frac{y_1 - y_3}{p_1}$，农民不会入社，直到农户的利润得到提升；故$y_1 < y_{21} + y_3$，所以$k > \frac{y_1 - y_3}{p_1}$，当利润提升，农民会很愿意加入合作社。所以，基本系数对农户而言大于$\frac{y_1 - y_3}{p_1}$的概率较大，从而实现标准化分红机制。

(三)双重委托—代理委托—代理土地股份合作社收益的农户超产分红分享

入社农户除了基本收益，还有额外的收益。他们更期盼着这种超额收益。但是他们的收益会存在变动的情况，比如说遇到自然灾害等的情况导致整体收益减少；或者是自然天气比较好，使收益增多。一般来讲，收益的分配主要有三种形式：第一是按盈利分红，收益不保底；第二是收益保底，但盈利不分红；最常见的是第三种形式，即有最低的保障，并且额外利润又可以分红。成都市的土地股份合作社是采用保底加分红的模式展开的。具体说就是，最低的保障制度和给予农民一定的额外分红利润，让农民感到幸福，使农民收入增加。通过土地股份合作经营，农民实际上至少有三种收入：土地经营权换来的保底收入，在自己的土地上务工的工钱收入，和以土地承包经营权入股的分红收入。被解放出来的农户家庭工资性收入被视为入社农户收益的发展结果，或者说是间接结果。合作社制定分红基准后，农户除参与必要的社员大会等集体活动外，其余时间可以长期在外务工或经商，从而实现了工资性收入的跨越式增长。土地股份合作社带动农户收入增长最终体现在农户家庭人均纯收入层面。

四、双重委托—代理委托—代理土地股份合作社的激励机制

(一)对入社农户的激励

双重委托—代理委托—代理土地股份合作社规定，每亩土地以500元钱作为基本收益，并且还有超额利润进行分配。这使得农民对超额利润有一定的期望，

在风调雨顺或者是没有特殊自然灾害的情况下，给出一个最低的保障制度，才能够更好地发挥额外利润分配的作用，使农民获益。这种合作社可以更好地发展下去，有利于农民，有利于农村的发展。农村合作社的目的就是尽量地将优惠返给农民，使农民在收益中占大头。

假设农民的产业价值为p_1，农民入社之后的利润分红系数为k，基本分红和超产部分的分红分别为y_{21}和y_{22}，农民额外的利润为y_3（y_3这种行为数据有非常显著的作用，但这种行为并不是合作社所推动的行为）。

假设一：产量在运营后一定增长；

假设二：农民都很理性地认识这些问题。

可得：

$$\begin{cases} y_2 = y_{21} + y_{22} \\ y_{22} = k \cdot (p_2 - p_1) \end{cases}$$

当这种基本情况一定，如果$y_1 > y_2 + y_3$，那么$k < \dfrac{y_1 - y_3 - y_{21}}{p_2 - p_1}$，农户就不会对合作社经营产生好感；如果$y_1 \leqslant y_2 + y_3$，那么$k \geqslant \dfrac{y_1 - y_3 - y_{21}}{p_2 - p_1}$，此时农户为了追求更高的利益，会选择由合作社经营。所以，$k \geqslant \dfrac{y_1 - y_3 - y_{21}}{p_2 - p_1}$可以很好地促进农户的选择。

因此，这种机制适合农民的选择，并且农民也非常相信这种机制。正如知名专家所说的，当一种制度被别人普遍接受或者具有长期利润增加值，并且也符合他们的诉求，那么人们就会接受这种安排。

（二）对经纪人的激励

在双重委托机制构建的过程中，农民需要有一个代理人，这个代理人帮农民处理各项烦琐的事务。这个代理人的收入主要也是与农民挂钩的。其中利润来源包含着生产与服务两个部分，在经纪人和合作社联系的过程中双方也会达成某种程度上的利益交往。同时，经纪人越努力，收入就越高，经纪人作为地方经营管理土地的代表人，在一定的标准和法规的约束下可通过自身努力获取利润。这种制度虽然好，但是也存在一些漏洞，不过可以通过一些方法与手段堵住这些漏洞，例如降低树木的密度，合理种植，培育一些价值比较高的物种，等等。合作社、农民和经纪人就这样形成了三种契约模式关系，其利润获取也可能远超大家的想象。同时，这种模式促进了经纪人与合作社之间的交易往来，促进了农民与合作社之间的交易往来，可以大力推进合作社与农民之间的合作关系，从而可以更好地打开农村发展的新局面。

如果经纪人和合作社存在中度风险或者是风险躲避者，假定经纪人的效率e满足$0\leqslant e\leqslant 1$，那么有$C=c(e)$适用于$c'(e)>0$、$c''(e)>0$，经纪人利润关系$\pi(e)$适合$\pi'(e)>0$、$\pi''(e)<0$。在经纪人被合作社监管不到的情况下，倘若合作社和经纪人之间利益按$(1-r)$的比例赋予经纪人，$\gamma(0<\gamma<1)$的比例赋予合作社。

假设经纪人利润为$R(J)$，利润为：

$$R_1(J)=(1-r)(p(e)-c(e))$$

将经纪人做事效率的现实问题建模求解：

$$\max:R_1(J)=(1-r)(\pi(e)-c(e))$$

$$(1-r)\pi'(e^*)=c'(e^*)$$

由最优解得出：

$$\pi'(e^*)=\frac{c'(e^*)}{1-r}$$

假设经纪人有稳定的基础工资，那么：

$$R_2(J)=S-c(e)$$

同样以最优参考数字为准：

$$c'(e^{**})=0$$

因为存在：

$$c'(e)>0,\ c''(e)>0$$

我们了解：

$$e^{**}<e^*$$

经过上述的条件讨论,我们采用反证法证明。如果经纪人有稳定的基础工资,那么对这种新型合作会产生一种阻碍作用,从而使得农民和合作社之间的经济往来不利于发展,这进而证明了这种合作社制度方式的有效性:有利于促进农民与合作社之间的关系往来;有利于经济的发展,有利于推动新型农业现代化。

对于经济来说,是存在不确定性和可预见性的。由于农业不像其他行业,农业得依靠天时,在风调雨顺的年份,农作物会有很好的长势,会给农民带来大量的利益。经纪人会依靠农业的优势进行大量的工作任务交接,也就是我们所说的订单合同;但是在自然条件恶劣的情况下,经纪人的积极性就不会那么高。这从一个侧面也说明了经纪人与农民的土地利益直接挂钩,但是自然因素的不确定性决定了土地收益的不确定性,进而决定了他们的收益也是不确定的。他们会根据各种市场的信息与风向,凭借掌握的一些资源与资料进行预测。

(三)对合作社的激励

在这种委托关系中,合作社的主要经济来源是占经纪人利润一定比例的提留、政府的支持以及地方的其他支持(一些非生产性的资助),这些支持的费用主要是为了满足合作社的各种需求,使其可以正常运行。主要由两大部分组成:其中的一种是政府各种渠道的补贴,按照合作社的类型、性质与规模,由国家进行拨款,这是对合作社的一个正面促进。合作社办得越好,获得的资助就越多,从而使得合作社不断地对自身的管理机制、服务态度等各个方面进行提升。第二种就是在经纪人的盈利里面提留10%,根据大概的数据统计,每个合作社每次提留金额几千元钱。虽然数目很小,但是可以用于合作社的各种开支。另外,合作社也有自己的考核机制,通过达成土地的成交量与订单量可以完成自己的政绩。同时,合作社也推出了各种推陈出新的项目,通过这种渠道进行收费,据调查,合作社开展的这些活动目前还没有出现违法乱纪的现象。合作社这样做不仅可以为自己开拓一些小的收入来源,还可以加强自身的功能面。

五、创新模式的绩效分析

农村集体土地的家庭承包经营已成为我国农业发展的一项基本制度。近年来,为了进一步巩固和完善这一制度,同时达到让农民增收的目的,中央政府提出了"三权分置"的土地制度创新。这一制度把农村集体土地的经营权与所有权分离开来,经营权虽然每户农民,但是所有权仍然归村集体所有,参与其中的农户按户经营草地、林地和耕地等土地,共同享有土地的收益权、经营权和承包权。近些年来,我国的农产品贸易制度、户籍制度、人口迁徙制度、劳动就业制度发生了很大的变化,农村生产力提高、农村土地输出更多,农产品生产达到了更高的平衡,农村城镇化和工业化速度越来越快,农村经济体制发生了巨大的改变。现在农业发展不仅面临着新的机遇,也面临着新的挑战,政府、学者、农民都在积极探索解决的办法。政府试图用"公司加农户"的经营模式来解决市场需求大但农户生产规模小的问题,但该模式因为没有协调好农户与公司的利益而未能很好地进行下去。政府又推出流动拥有土地经营权想要解决一些农户缺乏劳动力的问题,但是面临着费用高昂、土地输出难以提高、农户劳动力输出效率不高、可能会导致离农离粮的危险形势等难题,所以这种方法还是没法保障农民的合法权益。政府设立农业专业合作组织,想要让分散的农户集中起来进行大规模生产,但是由于该组织不能适应农村生产方式而告终。目前,如何做到既能保障农民的合法权益、稳定农村土地家庭承包制,又能使农村的土地资源得到高效的利用,提高农民的生产力,提高农村土地输出率,促进农村经济发展,稳定提高粮食产出、保障粮食安全,是我们面临的一大难题。全国各地都在积极探索这一难题的解决方法,在某些方面有了突破,也有了一些成效。因此,下面抽取集体经济组织中成效较好的专业合作社、家庭农场、土地股份合作社来做典型案例分析。

(一)案例分析

重庆市奉节县安坪镇北临长江,辖12个村(社区)近4万人,区域总面积144.69平方千米,30千米长的库岸沿线生产了全县近十分之一的奉节脐橙,享有"爵爷故里、橙乡水镇"美称。想要实现共同富裕就必须先好好发展集体经济,这是我们实现乡村振兴必须要走的一条路。借助乡村振兴的重大机遇，积极探索“村级有组织、集体有产业、村民有收益”的集体经济组织，集体经济实现全覆盖，产业覆盖贫困户100%，利益联结贫困户100%。

一是解决“壳要怎么破”的问题，让组织有身份、村民有股份。为村股份经济合作社登记注册，给集体经济组织一张合法“身份证”，赋予市场主体地位；开展农村集体资产量化确权改革，量化各村（社区）集体经营性资产9600万元，发放股权证书1.26万份，让农村集体资产人人有份；集体收益分配按照“2:4:4”的比例分配管理费、再生产资本金、村民分红。

二是解决“钱从哪里来”的问题，让投入有来源、收入有渠道。试点补助获得“第一桶金”，采取“纯信用、无抵押”的方式，向农担公司贷款30万～100万元，部分村（社区）还利用资源性资产进行担保贷款，利用宅基地复垦形成地票，各村（社区）获得集体经济启动资金超200万元；产业政策撬动“第二桶金”，将投入到新型农业的经营主体用于产业发展类的财政补助资金实行股权化改革，村集体经济组织按所持10%股金的6%享受年固定分红。2018年，12个集体经济组织获得产业政策扶持550万元。

三是解决“业应怎样兴”的问题，让集体有产业、群众有就业。紧紧围绕脐橙产业链，把群众不能做的、不好做的产业前端和后端交由村集体经济来做，组建专业化农技服务队伍，添置植保无人机、挖土机等设施设备，采取“技术统标、农资统供、水肥统灌、病虫统防、果实统摘”集约化有偿服务创收，服务区域扩大到毗邻的云阳县、巫山县、湖北省秭归县等地。2018年，三沱村在集体经济组织下开展农技服务、劳务承包、广告牌等业务创收360余万元，增加集体收入50余万元。

浙江杭州市有一家益民的农业生产服务社，主要经营业务是为农民提供粮油机械化烘干、机收、统防统治、机插和机耕等农业社会化服务。这家合作社是在2008年2月份建成的，注册资金3万元，挂靠在杭州市余杭区的街道农业公共服务中心和农业机械管理总站。凭借自身的规范化建设、农业局等有关部门的技术支持、街道办事处的大力扶持，合作社取得了快速的发展。从1台插秧机、8000只秧盘的规模，到目前，合作社的规模已经扩大到名下掌握有101台农用设备，仓库、机房等占地面积达到3100平方米，自己建有一个面积为206公顷的基地，粮食种植面积达到360公顷，服务和销售收入1037万元，利润53万元。

新疆维吾尔自治区沙湾市有着1.31万平方千米的广阔面积和39万的总人口(有21万是地方人口)，分为240个村，15个乡镇。耕地面积达16.1万公顷(其中村集体面积10万公顷)，农村户口达14.7万人，其中3.3万户参加了土地承包，承包面积达5万公顷。到目前为止，沙湾市有1170个农村合作社，其中216家是股份合作社。主要经营方法有以下三种：

一是发动政府力量，在政府的高度重视下，发动广大农民加入土地承包中来，让他们享受到农产品销售环节带来的利润，但同时注意充分利用农村劳动力，给农民带去稳定的收益。

二是政府牵头。在政府预算中拿出200万作为专项资金用于资助合作社开展品牌创建、示范奖励、宣传培训、市场营销等活动，实现农民承包土地有补助和有保障。

三是典型带动。通过多渠道宣传，开展农村新型经营主体带头人培训，让运行较好的合作社的负责人去培训其他经济效益没那么好的合作社的负责人，传授其成功经营理念。通过摆在眼前的明白账来增强农民的信心，吸引更多农民参与到合作社中来。

运营方式有四种：(1)共担风险、共享利益。按照一亩土地为一股来计算，农民自愿入股。合作社实行“6统一”的生产经营模式，到了年底，按每亩地实际的平均收益作为分红标准来奖励各股东，如果算下来每亩地是亏损状态，股东共同承担亏损。(2)保底加分红。合作社还是实行“6统一”的生产经营模式，到了年底，给股东们经营带来收益分红和保底分红两种分红。合作社会从多出的收益里面提取一部分当作公益金和公积金，如果合作社对这部分资金保管不当，带来的后果由管理者承担。(3)保底加固定分红。合作社还是实行“6统一”的生产经营模式，农民入股时协商好保底分红(无论经营好坏，年底必须给股东)，到了年底，合作社给予股东们保底分红和固定分红。如果合作社当年效益不好，未达到预期的收益，仍要给股东那么多分红，产生的差额由管理者承担。(4)混合经营。在合作社的经营过程中，可以同时采用上述三种或是任意两种模式共同运营合作社。因为各地区群众意愿、种植结构、土地强度和性质都不一样，所以经营方式不可能是固定的，应当灵活，学会因地制宜。

崇州市是成都的一个县级市，占地1089平方千米，下设有6个街道办事处，9个镇。据2021年人口统计数据，崇州市总人口有74.57万人。崇州市是成都的重点粮食生产城市，农业输出大。20世纪90年代之后，工业技术飞速发展，城镇化速度加快，崇州市由于靠近成都，有着很大的发展优势，劳动力大范围、大比例地向非农产业转移，越来越多的农民离开农村到城镇发展和生活。这种趋势带来的结果是越来越多的农田被废弃，农村土地承包制难以进行下去，这更是使农业发展面临巨大挑战。劳动力的流失导致农村人工成本增高，本来农业效益就不好，此时更是难以为继。

为了解决农村劳动力大量流失和继续实行农村土地承包的矛盾，崇州市从20世纪90年代起就开始探索改革农业经营制度。一开始是向山东学习重点发展品牌，推行"公司加农户"的经营模式，之后是成立专业合作社，希望提高农业的专业化、科学化发展水平，再后来是推行流转经营权，重点培养现代化农业和农业大户。这些对经营制度的探索有利有弊，并不能平衡好确保粮食安全、保护农民的土地权益、高效利用农地资源等的关系。在完成第二轮土地承包之后，崇州市领导总结之前的改革经验，权衡利弊，希望可以找到保障农民合理权益、推进现代化农业进程、使农村土地资源得到良好利用的经营模式。

目前，崇州市隆兴镇黎坝村探索出来的合作社管理模式是一种比较理想的经营模式，它既能保障农民的合法权益，又能促进农业、农村的现代化发展，许多乡镇都在效仿黎坝村的合作社管理模式。

崇州市合作社的最高权力机构是股东大会。股东大会由入社农户构成，目的是行使民主决策权，维护土地股份合作社的共同利益，推动土地股份合作社的发展，针对合作社发展进行决策。土地股份合作社股东大会每年年底召开一次，其主要职责为：讨论和决定盈余分配、经营及规划、合作社生产等重要事情；农民入股合作社的红利分配、变更、发放核准、登记等相关事宜；监事长、监事会、理事长、理事会的选举换届事宜;对外交流合作事宜;向政府或相关部门传达农民的要求与意见。同时,崇州市合作社还分别成立了理事会和监事会。理事会成员必须是土地股份合作社的社员,每一个入社社员都有选举权和被选举权,其要求有一定的经营管理能力,要对土地股份合作社忠诚,要敢于担当、富有责任心。理事会一般由五人组成,设置理事长一名、理事四名。理事会由股东提名,经股东大会选举产生。理事长由理事会推举,由股东大会投票表决。理事会至少每半年召开一次会议,总结一段时间以来合作社的运行情况,提出要解决的问题,制定股东大会通过相关事项的实施方案,制定合作社发展经营规划,修正计划,讨论开拓性措施,处理农户入社、退社、诉求等事务。理事会每年年底承办股东大会,并向股东大会提交工作报告,汇报股东大会决议的执行情况、生产运作情况等,还有理事会和监事会的任期与考核情况。理事会大都是三年为一届,可连选连任。在任职期间,理事会吸纳股东的意见、调查市场行情、起草经营决策方案、执行股东大会决议等。每年在股东大会上必须对理事会的工作情况进行严格考核,一经考核不合格或者发现有违反章程者、违纪者、办事不力者,股东大会可以提出更换或者罢免要求,待股东投票通过就实行。

同样地,监事会成员也必须是土地股份合作社社员,每一个入社社员都有选举权和被选举权。监事会一般由五人组成(不得由理事和财务负责人兼任),设置监事长一名,监事四名。监事会由股东提名,经股东大会选举产生。监事长由监事会推举,由股东大会投票表决。监事会代表土地股份合作社全体股东监督合作社的发展经营情况、财务管理情况,股东大会决定事项的执行情况等,并将监督检查到的情况向股东大会提交报告。然后,监事会根据土地股份合作社章程及股东大会的决议结果,去维护土地股份合作社的正当利益,去监督土地股份合作社的日常经营管理工作,以确保土地股份合作社的工作人员、管理人员以及相应的管理机构在认认真真地履行其职责,且其还应受到土地股份合作社的其他社员的监督。如若土地股份合作社的社员对合作社的部分管理机构及机构工作人员有较好的建议或是有其他质疑,可以去向监事会表达自己的想法,又或是向股东大会提交有关方案。监事会代表土地股份合作社全体社员实施监督权,权利内容包括查看土地股份合作社的财务账目、核对资金往来。监事会根据股东大会的决议、决定和土地股份合作社的章程对理事会和经纪人的生产经营过程进行监督、检查，适时向全体股东公布监督、检查到的情况。

（二）创新模式的理论反思

从20世纪80年代初开始实行的农村土地家庭承包责任制一直是我国农村最基本的土地制度，但是随着时代的进步，小作坊式的家庭土地承包责任制越来越不能满足现代农业的需求，同时也不能满足农民对日益提高的生活质量所需要的收入相应提高的需求。因此，发展适度规模化和集约化的现代农业需要更适合的土地制度。

家庭承包经营制度在一定程度上避免了管理过于集中和分配平均主义等问题。不过，随着农业产业化的不断发展，以往家庭经营制度的缺陷就暴露出来了。

第一，土地产权的主体不明晰。我国在《中华人民共和国宪法》及《中华人民共和国农村土地承包法》等法律中明文规定了农村的土地是归集体所有的。但问题在于“集体”的界定不够清楚，这无疑增加了农民生产的非自然风险及其他的不确定性。

第二，缺少土地的转让权也导致农民损失了这部分的收益。而土地的经营权转让恰恰是土地产权重要的组成部分。土地作为一种重要而又特殊的生产要素，有进入市场流通的条件及需求。但在实际操作中，土地的经营权转让遇到了很多障碍。一是没有相关的法律来规范经营权的转让流程及保障相关的利益，且土地转让交易的费用也较高；二是在农村中，土地还有着保障农民生活、养老的重要作用，所以农民基本上没办法放弃土地；三是没办法适应制度的相关变化。从一方面来说，制度的依据发生了变化。在20世纪80年代初，农村人口基本无变化，这时根据户籍来确定的承包经营权有较为清晰的标准及依据。但随着市场经济的不断发展，农村原有的户籍制度被打破。而从另一方面来说，家庭承包下的土地是均分而又细碎的。这样小的规模很难实现集中化、机械化的高效生产，不能达到农业商业化的标准。因此，在这样的大环境、大趋势下，农村土地资源如何重新整合，如何进行适度规模化、机械化的农业生产已经是摆在我们面前的一个重大课题。

土地所有权、土地经营权和其他项权利的确认、确定，简称确权，是根据法律、政策的规定确定在相应范围内的土地（或称"一宗地"）的所有权、经营权的隶属关系和其他项权利的内容。每块地的土地权都必须经过土地登记申请、地籍调查、核属审核、登记注册、颁发土地证书等土地登记程序，才能得到最终的确认和确定。确权的狭义定义是指在土地登记过程中的权属审核阶段对土地权属的来源、权属性质的确认。根据《中华人民共和国土地管理法》的有关规定和土地相关管理要求，确权是各级人民政府的重要职责之一，包括制定和完善确定土地权属方面的法规和政策，处理土地权属争议和办理土地权属的登记造册、核发证书等。土地权属有三个确定原则，分别是依法确定原则、充分考虑历史背景的原则、土地所有权的单向流动原则。在以上土地确权的基本概念中，我们可以很清晰地看出土地家庭承包经营制度在土地确权方面存在很大的漏洞和问题。在《中华人民共和国宪法》和《中华人民共和国农村土地承包法》中明确规定农村土地属于集体所有，但随着时代的进步，农民的思维越来越活跃，且由于全民教育的普及，农民的思维方式也越来越和城镇居民接近。因此，对农村土地属于集体的界定，由于"集体"的概念过于模糊，造成家庭承包经营制度下的农事生产活动受制越来越多，带来的不必要的麻烦和纠纷也越来越多，农业生产得不到保证。在当前形势下，要想使农业和农村脱离困境，就一定要选择可持续发展的道路，利用土地制度的创新来解决土地和人口之间的矛盾，从而达到农地资源的可持续利用和农业、农村的可持续发展，归结到底，这还是土地合作的问题。

根据新时代我国农业、农村发展的实际情况，我们可以把土地合作出现的原因分为三类，对以农地非农用收入为主的社区型土地合作制、以农地农用收入为主的社区型土地合作制和以农民自主组建的土地合作制进行解析。

1.第一种合作制

以农地非农用收入为主的社区型土地合作制多应用在沿海和大中城市的郊区。因为国家的快速发展，此类地区正在进行或即将进行城镇化，而农村集体建设用地出租和农地转用也因为这些地区较高程度的农村工业化有着非常可观的增值收益，而随着时间的流逝以及城镇化完成度的不断提高，这种收益也在不断地提高。现阶段的农村城镇化和工业化对农村土地的集中统一有着很高的要求，作为土地所有者的村组集体，在规划、管理、使用三者需要高度统一的情况下，可以用哪种方式集中农民手中具有法定经营权的土地呢？有两种方式，要么租，要么入股。有部分学者认为，是农民的集体成员权问题导致村集体采用入股方式集中农民的土地经营权。可是，如若单是因为这一个问题，相信更多的农民或者集体会选择用出租的方式来获取利益，拥有固定的租金对农民来说也是一种保障，并且采取租而不是股份制的方式，对于两方人员也会节省一部分交易成本。那最终没采用出租的方式的原因到底是什么呢？其实最根本的原因是土地的价值不是恒定的，而是不断增值的，并且这种增值是较为明显的，农民可以在短期内预见，因此具有集体成员权资格的农民将土地集中后才会选择以股份制的方式获得土地增值带来的利益，他们认为这会比租获得更多的利益。近年的例子就有成都市温江区的国色天香股份合作制，因为社区的土地不断增值，农民每年所得到的分红也在不断增长。这些农民也因为要求更多的股份分红，给村组集体干部造成不小的压力。

2.第二种合作制

那么，农地农用社区型土地合作制难道和农地非农用类型的产生原因相同吗？答案当然是否定的。既然为农地农用类型，那么这种合作肯定与种植有关，而种植特定的经济作物和高附加值的农产品就是这种土地合作制的一个显著特点。也就是说，这种类型的土地所产出的农产品要有更高的收益，但是其所面临的自然风险和市场风险也会更大，遭遇天灾或是市场剧烈波动都极有可能会造成巨大损失，种植投入也会更大，相关的资产专业性也更高。因此，该合作制的形成也是为了分担风险，进而产生足够的激励。而现在看来，该类土地合作制常与农业产业化关联，也是农村经济组织形态的创新，即龙头企业+社区型土地股份合作社+农户。那么，采取这种形式的意义是什么？过往的订单农业，往往约束力很差，而一度达到八成的违约率更是束缚住了企业和农民的手脚。通过合作制，让企业和农户进行合作，把以往的商品契约转为要素契约，即，为企业实现了后向一体化，也让双方都节省了成本，从而形成了利益共同体。

比如，四川省成都市金堂县的蓝莓公司，其旗下30余个蓝莓专业村都相应地成立了蓝莓生产专业合作社，农民将自己手中的土地承包经营权入股到当地合作社，借此让以前的蓝莓商品契约转换成土地产权交易的要素契约。这样做，既让蓝莓公司得到了稳定且高质量的原材料，规避了相应的市场风险，也让农民得到了更多的土地收益，成功地让企业、社区、农民达到了"三赢"。所以，综上所述，该类型合作制的产生就是为了通过分担自然和市场风险，节约企业与农民间的交易成本，从而激励农民进行生产，其在当下的农村有着较为广泛的发展前景。

3.第三种合作制

而与前两种合作制相比，农民自主组建的土地合作制是一种更加纯粹的分成制。它产生的原因也是要分担风险和提供激励。因为属性问题，农业天生就比工业面临更大的自然风险和市场风险，而农民所掌握的资源与农耕天赋又各不相同，通过这种土地合作制组建合作组织，既可以分担相应的风险，又可以给入股的农民提供激励，这种分工方式还可以充分利用农民所掌握的资源，实现利益最大化。尤其是现在，国家还在发展中，许多农村的信贷市场还不发达，体系不够完善，这种合作组织的优势便体现得更加明显。像金堂县三王庙高山蔬菜合作社，既让农民土地入股，也让农民参加合作社的劳动。这样，农民不仅可以凭股分红，又可以根据相应劳动量领取工资，而且合作社的这种内部分工模式尽可能充分发挥每一个农民的资源天赋优势，规避了他们生产蔬菜的部分风险，对农民进行了激励。并且，这种合作模式也可以对相应的产业能力进行鉴别筛选。而农民在有土地出租和入股这两种选择时，可以根据企业的经营能力进行合约选择，若是企业经营能力差，他们就可以选择虽然收益较低但稳定的出租方式；若是企业经营能力强，那他们就可以选择入股的方式，从而获得更高却不稳定的收益。上面这种情况所说的农村的带动效应、能人经济，也是比较常见的。

双重委托—代理委托—代理土地股份合作社这一土地制度能够发展壮大，在于它满足了社会发展、农业发展、政府需求和农民需求等各方面的条件。

其一，解决了家庭承包经营中产权界定不清的问题。收益权、经营权以及集体所有权，这些包含在土地产权中的权利被细化、分解，集体拥有所有权，同时在收益中集体也拥有按股分红的收益权的一部分，农民拥有一部分，按照相应的比例不同的利益主体获得相应的部分收益。这样，土地经营规范化得到了保证，同时农村土地经营主体在市场中的地位也被确定下来。

第二，有利于土地经营的规模化、专业化。机械化耕作、专业化分工可以在土地规模化经营中实现。面积大小不一的地块、分布不均的土地肥沃程度、较为分散的土地区域等原因就会导致偏低的农业规模化经营程度、覆盖面小的机械化作业，这都限制了规模化经营，同时土地经营权转让中的问题也会限制经营规模化。土地经营权的分配是通过市场机制调整的，且还是在农户自愿的基础上实现的，这就是双重委托—代理委托—代理土地股份合作制。这样的合作制不仅符合生产专业化发展的方向，同时有利于劳动生产率的提高。

第三，有利于规范土地经营权的流转，减少交易费用。规范土地经营权的流转可以在土地股份制合作社的基础上实现，合作社的操作范围中还包含土地流转，合同中会明确表明土地经营权流转的责任和权利，该合同以及合作社章程可以实现对农业企业、土地原承包户、土地现承包户的约束。间接化农户与土地的关系这是双重委托—代理委托—代理土地股份合作制实现的，占有股权是农户承包权的主要体现，并不是占有实物土地，按股分红是其收益的主要体现，在生产经营的盈利中可以体现合作社土地承包户的收益。面临对方的惩罚终止交易，这是对产生违约行为的人采取的措施，实现长期的合作是双方通过合约实现的。在双方签约后，机会主义行为就会因未来长期合作所带来利益的预期而有效地减少。

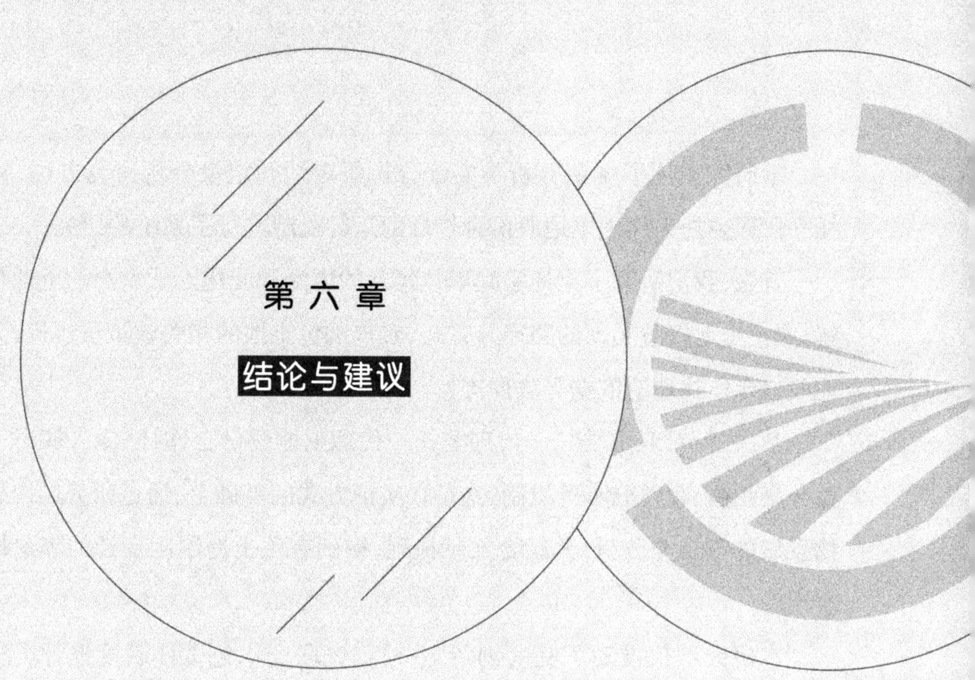

第六章

结论与建议

第六章 结论与建议

本研究采用了规范分析与实证分析等定性和定量分析研究方法，对双重委托—代理委托—代理土地股份合作社的运行机制进行了系统的研究。

首先，我们研究了土地家庭承包经营的内涵和变化。从农户的土地权益及分解，农户土地权益实现的路径及方式，农户承包土地的相关政策法规等，为农村土地股份合作找理论依据和法理支持。

其次，针对双重委托—代理委托—代理土地股份合作社，深入探讨了主体权益分享制衡、收益分享等机制，这是在实证方式的基础上，通过研究国内外对该事物发展的审视与分析，并结合文献梳理，得到有关土地制度变迁的理论框架从而实现的。

本研究不仅推动了制度创新，并对家庭联产承包责任制度进行了科学的回答，不仅能实现粮食产量的增加，收益增加，也能够保证土地承包权归农户所有，促进农民通过经营权折值的方式入股，创新了家庭联产责任制度，消除了资源的浪费，如撂荒、低收益等，妥善处理了农村“三权”的相互关系，不断探索和丰富了“三权分置”的各类具体实现形式。具体总结如下。

一、研究结论

(一)双重委托—代理委托—代理土地股份合作社有利于工业化、城镇化与农业现代化的协调发展

农村劳动力进入城镇打工，就会导致大量的土地闲置，通过建立合作社的形式，让农户自愿加入进来，使分散的农户规模化，不仅可以保证粮油的生产，还可

以实现土地资源的有效利用,促进农业现代化的进程,在工业化和城镇化进程加快的今天实现农业现代化的协调发展。

(二)双重委托—代理委托—代理土地股份合作社有效地保障了国家粮食安全和农民土地收益

这种机制对国家粮食安全和农民土地收益有着非常明显的保护作用。这其中,粮田粮用、农地农用的土地利用模式是通过土地股份合作的双重委托—代理委托这一代理模式有效保证的,这种模式划定了明确的权责关系,不仅可以分享增值收益,还可分享土地生产经营的基本收益,这是入社农民所具有的权利,同时合理分享土地生产经营收益,在入社农民与经纪人之间形成了良好的关系,实现利益均衡,使土地股份合作社能获得可持续发展。

(三)双重委托—代理委托—代理土地股份合作社组织机构与决策的民主性

社员大会民主决定的制度是在土地股份合作社中存在的,它可以确定董事会、重大事项以及监事会组织架构,不仅从制度上,还从组织上实现发展壮大,保证其有效运行。土地股份合作社不仅需要完善的配套制度,也需要良好的组织建设。

(四)“三权分置”是双重委托—代理委托—代理土地股份合作社保障入社农户土地权益的核心

折价计算土地作为资本参加土地股份合作社是农民入社的主要方式,但是其根本是拿自己土地的经营权入股。通过将土地的所有权、承包权、经营权分离,农民仍然保有土地的承包权,而把经营权委托给土地股份合作社,合作社再转交给经纪人进行适宜的规模化、机械化生产,提高生产效率和土地的产出效益。这样的方式是现阶段发展农业现代化的必经之路,也是维护农民基本土地权益切实有效的办法。

(五)双重委托—代理委托—代理土地股份合作社是农民对土地制度的自主创新

这一新型合作经济组织于2010年开始创建,它是在多年探索的基础上实现的,符合农业收益增加、农业生产发展以及土地权益保护的目的。与"公司+农户"的产业化经营模式相比,它是不同的,同时相比于专业合作社的技术与营销合作模式以及社区合作社的生产及营销合作模式,它具有一定的优势,多维度创新土地制度是农民通过股份合作的方式实现的。广泛而深厚的群众基础是这一由农民自主组建、管理、推动发展的组织所具有的特点。合作社选举领导是通过民主的方式进行的;合作社领导机构是自主建立的,以入社农户为主体建立和运行;执行机制以及合作社章程都是自主制定的;实行监督管理的方式,土地合规利用的方式,合作社的收益分配方式和其他权益分享方式都是由农民自己确定的;等等。这些民主的方式让农民成为主人,具有了相对独立的法人地位。

入社后农户对集体土地的承包权没有改变,农户承包地的经营权成为土地股份合作社的入股资产,它不仅得到了国家和社会的认同,也是对农村集体土地家庭承包经营制的再创新,符合新的发展形势。农民在政府的指导、支持下,自主决策并实施合作社的组建、管理、生产经营,由入社农户协商确定,不会受到政府的支配和干涉,同时不接受其指令性要求,入社农户间自负生产经营的盈亏。

(六)双重委托—代理委托—代理权益制衡机制的完善是制度创新的保障

双重委托—代理委托—代理既是制度创新的产物,又是制度创新的组织平台。这个组织体系中的各个成员都具有自身的权益和诉求,并且存在一致性,但是在某些方面还是相悖的。土地股份合作社的创新不仅仅是为了实现农民合法权益的保障和增进、促进农业发展和现代化转型,也是为了土地资源的有效利用。在制度创新中,双向的权益制衡机制的建立可以更好地兼顾和协调各成员的权益与诉求。

创新主要体现在以下四个方面。

(1)主体权益制衡机制的创新。入社农户对合作社和生产经营者的制衡,主要通过由入社农户共同决定重大事项、在管理和决策时有入社农户参与、农户具有入社和退社的自由这几点实现。入社农户的相互制衡主要是通过投票表决重大问题、民主协商及多数同意重大事项、合作社的管理决策入社农户平等参与实现的。合作社对入社农户不同诉求的制衡是通过建立和实施合作社规章制度实现的。合作社与生产经营者的相互制衡是通过合约的签订和遵守实现的。保障和协调相关主体的土地权益是通过创新与完善这些制度实现的。

(2)农业发展机制的创新。为使生产效率提升、专业化程度提高、生产成本降低,需要实现较大的生产规模,也就是需要经营者实现专业化生产、规模化经营,这也就是经纪人在接受成都市的土地股份合作社的土地委托时,委托面积一般在百亩左右。改变了生产经营组织,实现了农户合作经济组织的生产经营,摒弃了传统的农户生产经营的农业模式,不仅可以实现科学高效的农业生产经营管理,而且可使农业生产与市场需求更好地对接,企业化管理、订单化生产的实现就是对土地股份合作社最好的认证。

(3)生产经营模式的创新。粮田粮用、农地农用是在成都市的土地股份合作社中被明确规定的,相关的权、责、利也在这样的双重委托—代理委托—代理的生产经营模式下被明确界定,不仅可以实现农户分享土地生产经营的增值收益和基本收益,还能实现土地经纪人合理分享土地生产经营收益,有利于土地股份合作社的可持续发展,实现入社农民与经纪人的利益均衡。

(4)收益分享机制的创新。采用民主协商的办法事先约定土地股份合作社的收益分享方案;土地的分红办法在加入合作社时就被明确告知;收益分享要求会通过合约形式确定下来,在生产经营者充当合作社土地经营权代理人时就已经被告知;执行与兑现都是由相关主体实现。在充分协商的基础上,收益分享方案是可以调整的,可以根据变化的物价和变化的经济社会发展实现调整。调整原有收益分享方案也可以在难以抗拒的自然风险和市场风险发生时,生产经营者无法解决困难时,提交社员大会讨论。农户入股土地的分红是需要被优先满足的,这也是土地股份合作社的收益最先需要分配的地方,要使土地股份合作社的收益得到充分的保证,在此基础上可以进行少量公积金的提取,最后由生产经营者分享剩余部分。互竞关系存在于以入社农户和生产经营者为主的相关主体身上,这是在土地股份合作社收益有限的情况下存在的，为实现协调与平衡，就需要一套有效的机制。需要创新性探索土地股份合作社在实际操作中的分享依据、标准、方式。

（七）双重委托—代理制度创新有效地改进了农业生产方式

双重委托—代理关系存在于农户、合作社以及农户与合作社之间，土地经营权委托—代理是存在于农户与合作社之间的，这是第一级委托—代理关系，另一种土地经营权委托—代理存在于合作社与生产经营者（经纪人）之间。农户与合作社、合作社与经纪人之间是通过委托实现的土地经营权转移，实现了向商品化生产的转变，摒弃了原有的半自给自足；实现农业不仅仅是依靠现代生产工具和手段、现代设施设备，还依靠现代科学技术，摒弃传统的技术和手段；实现专业化、规模化的经纪人经营，摒弃农户分散的、小而全生产的方式。这不仅能有效利用和优化配置农业资源（特别是耕地资源），还能实现农业资源（特别是耕地资源）的转型，摒弃传统的经营方式，培育新的农业生产经营主体。委托人是农户，代理人是合作社，这是农户与合作社的土地经营权委托—代理关系。通过以承包地经营权入股的方式实现委托，入社农户的土地经营权改由具有农民合作经济组织的身份的土地股份合作社代理。土地经营的前提是土地经营权，为获得农户的土地经营权就需要土地股份合作社满足农户的要求。土地股份合作社承担本应该由入社农户自己承担的承包地的生产经营，这就形成了合作社经营模式。

委托—代理委托—代理关系存在于土地股份合作社与生产经营者（经纪人）之间，代理委托人是土地股份合作社，代理人是生产经营者。在一定条件下，例如确定土地分红、公积金标准以及土地使用范围及方向等，是合作社所做的工作，在满足合作社要求的条件下，土地经营权归经纪人所有，对土地进行生产经营活动。在一般情况下，某一入社农户会充任生产经营者，代理人是招聘选择的，一般具有严格的条件和规范的程序，由社外农户或企业主充任生产经营者的情况也是存在的。负责管理监督的是土地股份合作社，将合作社土地经营权委托的条件要求进行兑现并进行生产经营活动是经纪人的工作。这一理论提升了合作社的发展，可为其他合作社提供借鉴意义。

(八)双重委托—代理委托—代理土地股份合作社制度创新的重点是农民土地权益保护

实现和保护土地权益是农户加入土地股份合作社最直接的目的。为建立和运行合作社,并在此基础上实现制度创新,就需要从农户最基本的目的入手。经营权和收益权是农民对土地具有的最主要的权利,而农业发展利益的分享权、管理权及监督土地使用的权利是农民入社后所具有的权利。对于土地权益,进行充分合理的分享有利于农业生产经营方式的转型、变革农业生产的组织方式实施土地经营权双重委托—代理委托—代理制度等,这有利于土地股份合作社的发展,也是进行制度创新的重点。增加农民的收益、对农户的土地基本权利进行保护是合作社的主要目的,需要把农户放在土地股份合作社收益的首位。

二、有待进一步研究的问题

土地流转问题和如何保障农民的土地权益、提高农民的土地收益是农业经济研究中的热点问题,在不同时期都有学者对其深入探讨,他们从不同侧面切入展开,为本研究奠定了坚实基础。本文借鉴前人的研究成果,视角聚焦于“三权分置”,在实证分析与理论分析的结合中揭示了双重委托—代理委托—代理土地股份合作社运行的内在机理。双重委托—代理委托—代理土地股份合作社在探索中前行,既取得了令人惊叹的成绩,也有亟待解决的问题。

(一)“退社自由”是否切实可行

本研究在双重委托—代理委托—代理土地股份合作社创新机制中谈及,农民可以根据自己的意愿自由入社和退社。但是根据我们的实际了解,由于目前成都市的土地股份合作社大多受到政府扶持,基本运行状况比较良好,所以农户并没有退社的情况。为方便适度规模化、机械化地经营入社农民的土地,就需要进行集中整合,这就会产生下面的问题:如果入社农户想要退社,如何拿回自己的土地?在退社自由的情况下是否会给农村社会带来新的矛盾?

(二)双重委托—代理委托—代理土地股份合作社的规模适宜性

百余亩的社土地面积,30～50户的农户,这是初期组建的合作社的规模。它是在一定范围内形成的,不仅经营方便,而且便于管理、成本低。后来发展的就具有难度增加的管理形式和成本,这是由于入社土地面积增大,入社的农户数量增加导致的,这就需要具有更高经营能力的经纪人。土地股份合作社最适宜的规模是需要好好进行研究的。

(三)行政村干部兼任双重委托—代理委托—代理土地股份合作社重要职务的利弊

村组干部往往充当土地股份合作社董事长和经纪人,因为他们社会资源多,又有一定的组织管理能力。管理决策的公正性和权威性会在经纪人和董事长都是由村干部担任时受到挑战,甚至会出现以权谋私,对社员的利益产生损害的现象。这一问题也需要进一步研究。

(四)农业人力资源储备偏弱

振兴乡村的核心是资源重新聚集,其中人力资源是核心之一。而据2016年重庆合川的调查数据,将近60%的老龄人在乡村从事最初级的农业经营活动,不到23%的乡村人口从事农业生产,超过53%的劳动者的年龄至少为50岁,其平均年龄为60.7岁,女性比例比男性高10.5个百分点,小学及以下文化程度者占比为76%。这说明在推进双重委托—代理土地制度助推乡村振兴战略的实施中,某些地区的农业人力资源储备较差,亟须改善。

(五)充分释放的土地存量没有提前预案

根据乡村振兴实施意见以及城市发展规划,大量土地的空置为重庆市推进双重委托—代理委托—代理土地制度,助推乡村振兴战略实施注入了新的动力,但目前还没有成熟的思考和预案应对这一亟须解决的问题。

（六）双重委托—代理委托—代理制度下多方权益保障可能失衡

根据全国各地的特点，最好每个地块能够将150～200亩地连成片。用土地入股，按股分红，但不能随意退出；合作社、经纪人都有可能通过一些手段损害农户利益，带来一些社会矛盾。这需要政府倡导、政策支持、服务配套，克服土地经营权自发性流转的弊端，全面维护农民的土地权利。而形成规模化，创造规模效应是市场发展所需和其内在本质，一旦满足了市场的这种内在诉求，乡村的振兴也就自然能顺理成章地推进。

（七）合作社招聘经纪人代理土地经营权存在道德风险与逆向选择的问题

合作社成立时花费了大量的各种沉淀成本，包括监督、搜寻以及不可控成本。同时，违规违约经营土地的违约成本也是需要注意防范的。为了实现合作社的收益和运营，合作社必定会将这些成本转嫁给经纪人，最可能采取的策略是逆向选择，这样做不利于农业产业的市场化，也不利于乡村振兴的推进。

（八）垫付带来的经济纠纷风险

生产垫付成本以及受聘的组织成本是经纪人接受委托的成本，如何少垫付以及垫付成本的形式是他们所关心的。为降低垫付生产成本，经纪人开始考虑农户的垫付问题，让农户自己出钱，得到收益后再归还。然而，农民最缺乏的是资本，最富有的是劳动力，故而要看清这一点并妥善利用。如果处理不当，不但不能振兴乡村，反而会起到反作用。

（九）推进双重委托—代理委托—代理土地制度，助推乡村振兴战略实施的最大障碍是经纪人的培育

如何在外出务工者中寻找已经扎根城市的知名人士是政府和基层工作者需要思考的重要环节，这类人群对于回归农业，推动现代农业发展至关重要。只有这类人群才是双重委托—代理委托—代理土地股份合作社经纪人的最佳人选，也是最有可能的培育对象。身份的界定、文化的认同、心理的诉求及家庭的牵绊都是他们回归乡村的主要动力。政府的重心是动员他们回乡创业，奉献家乡。同时，要做好设施配套、政策激励、荣誉奖励及相关立法，为顺利实现现代化农业发展奠定坚实的基础。不过，目前只有全国农村十强等典型的样板村可供借鉴，但很多村不一定能够做到。

（十）政府可能过度干预、推进，扭曲农民意志，违背自愿原则

首先，政府支持但不能越界，政府需要通过制度明确支持双重委托—代理的土地制度改革，组建土地股份合作社，除违反政策和法规的行为需要强制纠正外，凡涉及经营、使用、管理、权益分享的事项，都减少指令与指派，由入社农户协商确定。

其次，需防止急功近利的情况发生，需要先做试点式和定点范围内的推进，即使前期有一定的良好效应，也要延缓一段时间再缓缓推进，防止过度。

最后，在实际操作过程中很可能存在扭曲农民意志的做法。这就需要政府在推进土地股份合作社发展的过程中，一定要想尽办法克服，如此才能实现良性的制度推进。

三、对策建议

针对现阶段双重委托—代理委托—代理土地股份合作社制度，本书提出十点关于制度完善和创新方面的对策建议。

（一）从制度上完善和发展双重委托—代理委托—代理土地股份合作社

安徽省凤阳县小岗村的家庭联产承包责任制试验当时只有18户农民参与，但是创造了骄人的成绩，成都市的试验具有相同之处。成都市的经验可以运用到北方的平原地带。从理论上来说，该制度试验具有较强的普适性。

针对权益制衡的执行机制存在的大问题，笔者认为需要在制度上进一步完善和发展：从立法层面设计一套完整的制度，针对这种合作社章程的法律地位给予一定的制度保障。目前还没有专门的农民权益保护法，1999年11月27日发布的《长春市农民权益保护条例》第九条指出：“农民和农村集体经济组织对其取得的合法收入和所有的生产资料、生活资料，享有占有、使用、收益和处分的权利。禁

止任何组织或者个人对农民和农村集体经济组织的合法财产进行侵占、哄抢、破坏或者非法查封、扣押、冻结、没收。”不过它只是条例，其强制性和执行力度到底如何有待实践检验。但最大的问题是没有详细地规定在信息不完整的情况下农户遭受欺骗、蒙蔽、利益扭曲时如何处置，谁来处置。因此，有必要制定相关的法律，在此文件下有合作社章程从细节上对入社农户权益给予保护，包括恶意蒙蔽、扭曲信息、欺骗等情形下的保护。若此类事件发生，对入社农户收益补偿的标准，对经纪人加重处罚的限度及处罚金的分配等，都需要在制度上进行完整设计。

（二）应当进行农村土地产权制度改革

包含收益权、支配权、经营权和所有权在内的土地产权是一种多项内容的权利集，可以分散到不同主体，可以分享，也可以独享。土地产权的分割不仅可以协调土地权益关系，而且有利于土地的利用。集体土地产权分割的一种形式就是农村集体土地的家庭承包。除了集体具有的所有权，土地经营权、收益权是掌握在农户手里的，这就是分割的形式。国家法律和政策赋予农户享有集体土地的承包权和经营权，不仅具有强烈的排他性，还具有清晰的界定。用土地经营权入股是在农户可以支配承包地经营权的基础上实现的，生产经营红利的获取也是在具有土地收益权的基础上实现的。双重属性是农村土地所具有的，包括资源和资产，但是因为场合和条件不同，就会产生不同的特质。作为生产资料的土地，其资源属性存在于农业生产领域，较为明显的资产属性存在于生产资料中，其数量与质量与财富挂钩，因此成为能带来收益的不动产。经营权和收益权随着土地的承包而由农民所有。农业收益是在生产经营和利用作为生产资源的土地的基础上实现的，这是农户自己耕种承包地时实现的。可以通过入股的方式获取分红，可以通过转让的方式获得收益，可以通过出租的方式获得租金，这是农户无力或不愿自己耕种承包地时可以实现的，这主要是因为其拥有的重要资产就是土地的经营权。加入土地股份合作社并通过土地经营权的入股而获得分红，这都是在作为资产的承包地经营权的基础上实现的，也体现出土地的资产属性。集体成员分享土地权益的形式包含作为集体企业用地、文化教育卫生设施用地等的建筑用地，作为灌溉设施、道路、能源及通信设施占地等的农业基础设施用地，以及果园、耕地、林地等农村集体土地。按人均面积折算到农户的水面与果园、按农户家庭人口承包到户的耕地和林地以及折为股份、按人均股份落实给农户的建设用地和农业基础设施占地，这是分类处置不同类型的集体土地。在对耕地和林地的承包方面，收益权和经营权是长期不变的，不会随着家庭人口的职业改变和迁徙、委托他人或自己行使经营权、家庭人口的变化而变化。农户分摊到的水面和果园的承包权长期不变，表现在按农户分摊面积分配承包或租赁收益，这不会随着经营主体的变化而改变，无论是集体承包还是个体经营。农户只能利用分摊到的农业基础设施，不能独立产生效益，只能提供公共服务。农户可以开发利用或以入市的方式实现农户分摊到的建设用地股份，按股权分享获利，并且这一权利是长期的。

（三）构建农业社会化服务体系

要创新农业生产方式，变革农业生产组织，需要建立双重委托—代理委托—代理的模式，形成专业化、规模化生产，改变农户小而全的生产模式，应用现代技术，摒弃传统的生产方式，用机械化操作代替手工劳动。具有良好的农业基础设施的支撑以及得到改善的农业生产条件是这些转变所需要的。完善机械作业设施、改良培肥、进行土地整改，配套相关生产设施、道路、农田水利设施，完善农村交通、通信、能源设施，便成为新模式产生与发展的重要基础。对入社土地进行规模化、专业化经营，实现农业生产效率和效益的提高，让农民具有收益，是一项艰巨的任务。社会化服务的支持有利于提高农业生产效率和效益，社会化服务的支撑有利于规模化和专业化农业生产。金融服务、信息服务、物资供应服务是物资供应服务产前的服务，劳动、机械作业服务是包含在产后的，同时还包含整个再生产过程的技术服务。同时，建立完善统一、协调的扶助、救助、保障网络，加大教育、医疗、养老、住房等保障的力度，大力提高医疗保障水平。为增加贫困地区的住院费用报销比例，就需要在政策范围内全面推开门诊统筹。分类救治患大病和慢性病的贫困人口，重特大疾病医疗救助范围包含全部的贫困人口，扩大纳入基本医疗保险范围的农村残疾人医疗康复项目，贫困人口大病保险报销比例力争达到70%。大力提高教育保障水平。坚持教育经费向贫困地区农村基础教育倾斜，深入推进贫困地区农村义务教育阶段学生营养改善计划。普及高中阶段教育，对贫困户家庭经济困难学生实施普通高中免除学杂费、中等职业教育免除学杂费。建立保障农村和贫困地区学生上重点高校的机制。对贫困家庭离校未就业的高校毕业生提供就业支持。大力提高住房保障水平。将贫困农村所有贫困户现存危房纳入改造范围，对因灾致贫的农户家庭优先安排倒房重建项目。逐步提高社保水平。将所有符合条件的农户纳入低保范围，做到应保尽保。逐步提高低保标准，逐步扩大低保范围，提高农村人员供养水平。健全完善城乡居民基本养老保险制度，逐步提高基础养老金标准。

（四）完善农村基础设施有效运营管理制度

基础设施是经济发展的“先行资本”，是支撑经济发展和社会进步的重要物质基础，解放和发展农村生产力的关键措施之一就是农村基础设施，也是双重委托—代理委托—代理土地股份合作社发展不可或缺的动力基础。一是通过对现有灌溉设施的适当维护和管理仍然可以起到灌溉作用，因此在灌溉设施保持物理结构不变的情况下，通过变革传统的“机构主导与农民联合”的灌溉供给制度，设计出与灌溉设施和农村社区制度环境相匹配的运营管理制度，即构建“以农民合作组织为主、水利机构为辅和各级政府支持”的联合管理模式。加大财政支出在支农支出中的比重，尤其是用于农田水利建设的比重，避免由农户组织起来建设水利设施所需要的高昂组织成本问题。二是构建“政府与农民饮用水合作社联合供给、政府主导投资和饮用水合作社自我运行和管理”的模式。新的运营管理制度重点在于政府投资和农民自我供水组织的运营与管理，统一乡镇的集中供水模式和供水组织运作标准，保证水费按时收取并不构成农民的经济负担，最终为农村居民提供数量充足和质量安全的生活用水。三是采取“农村电力供给企业和地方政府、市场选择性参与”的多样化运营管理模式。四是改变县政府主导供给制度，采取省政府主导供给制度，再到采取政府支持下的农民自我供给制度的农村公路养护和管理机制。

(五)继续健全和完善双重委托—代理委托—代理模式的制度体系

首先,从立法层面设计一套完整的制度约束,针对土地股份合作社三类主体(入社农户、经纪人、合作社)的法律地位给予一定的制度保障,保障其基本的土地权益不受侵害。

其次,由于该经营模式对土地资源进行整合,并加修田坎、水渠、田间道路等,也必然改变了土地的原始状况,农户想要退出时,必须明确规定只能从加入连片地块的一角切割,或者与即将加入的农户置换,或以租赁的方式租给合作社,他们只获得租赁金的固定额度,没有其他任何风险或收益分红。这些制度设计的前提就是不破坏土地的连片规模,而且退社农户不能使用任何资源,如水利设施、电网设施、道路设施等,以此保证土地的完整性。一是,以土地和财政为中心,完善“人、地、钱”互为依托的政策奖罚制度。关键是要把农民归入城市的最基本服务范畴,让农民得到与市民相同的公正的服务,使农民过上满意而美好的生活,鼓舞从事农业生产的人民。建立健全农民社会服务奖励机制,进一步完善城乡医疗救助制度,鼓励农村人口积极参加基本医疗保险,协调规范城乡社会保险制度,积极解决农村人口再就业问题,政府财政应加大农村再就业专项拨款的投入,不断地完善均衡性转移支付制度,使得广大乡村区域的人民能够进行转移支付。第二,健全乡村法律制度,保障乡村区域能够和谐发展,增加对乡村的政策倾斜支持。政府必须立法为乡村区域的和谐发展保驾护航,所以应以市场为根基,积极发挥其在资源配置中的作用,充分发现农村法律发展的便利条件,使得法律在乡村得到合理而公正的运用,保证农村法律法规的科学运行,为农村创造良好的法治环境。利用财税法律制度倾斜支持和保护农村地区。三是创建和发展移动支付制度,完善当今金融法制体系。促进法律在土地出让、水资源、排污等资金中的使用,使各项资金得到合理的调配,确保其在农业农村发展中率先发挥作用,保障农民基本权益,增强中小城镇的可持续发展能力、综合承载能力和辐射带动能力。

(六)双重委托—代理委托—代理土地股份合作社后续发展的英才培养障碍

本论文提倡罗虚代尔公平先锋社关心入社人员的再培养的规定,特意创办以农业发展和合作社经营为主的再教育学校，学校把图书馆设立为主要建设内容和教育重点，使得农民在空闲之余（冬季、雨季、农忙空闲）得到充分的培养和再教育，在合作社经济实现快速提高的同时也能加大教育的投入。

此外，政府可以尝试加大专项教育的拨款，或者为合作社提供智能教育知识库，也可以增加农民在田间地头获得教育和培训的机会，或创建和完善与他们相关的教育政策，使合作社在今后的发展中具有足够的人才储备。

建设职业经纪人培养体系。在双重委托—代理委托—代理模式中，成功的关键离不开对职业经纪人的培养和培育。应当积极建设职业经纪人的培养和认证体系，让越来越多富有农事活动经验的“农业人”加入进来，调动其积极性，转变其从固有的农事活动生产者到现阶段的农事活动调度者的思想。紧紧围绕“在乡、返乡、入乡”人才，大力营造“近悦远来”环境，吸引各类人才投身农村。出台关于加快培育新型职业农民的意见，建立健全教育培训、评选认定、动态管理、扶持激励四个机制，促使农村就业创业逐渐升温。回引返乡就业创业农民工带动城乡劳动力就业。为基层招聘医疗卫生人才、教师和“三支一扶”人员，持续滚动回引农村本土人才在村任职。加快培育新型农业经营主体，争取中央资金支持创新模式发展，培育农村各类新型合作经济组织。

（七）双重委托—代理委托—代理土地股份合作社保留10%提留

土地的产出效益和政府提供的资金补贴日渐成为一笔数目不小的资金，由于合作社是入社所有人员的资产，所以入社人员应该同时享用合作社的提留收益和政府补贴收益剩余。合作社关于提留收益和政府补贴剩余的使用制度必须创建完整的使用规定，除了事先留有救急储存外，以保证公平合理为前提，根据社员在合作社中所占有的股份当年就要与全体社员同享。也可以将其作为对农民进行再教育的资金，为合作社以后的发展奠定基础。合作社有保留10%土地产出收益作为提留的制度规定。虽然这部分数额并不大，但是随着合作社的长期发展，它会逐渐积累，成为一个不小的金库，而且政府对合作社运行的补贴也与此合并，作为合作社的运行管理收益。而现阶段的土地股份合作社章程中并未明确规定这部分提留和政府补贴如何使用、如何监管等，仅仅是规定其用于土地股份合作社的持续发展，在可以预见的时间范围内这定会造成合作社与入社农户之间的矛盾，对合作社的稳定持续发展有很大影响。

为此，建议合作社完善制度的设计：对合作社的提留收益和政府补贴收益采取定期公示制度，若有异议，任何社员都有质疑权、查询权和复议权，这部分收益也应该纳入公共经费的审计范畴，如同对财政专项经费一样严格审计。由于合作社作为农业发展机构，审批、复核和资金拨付业务的原始凭证不会像行政单位、企事业单位一样规范，可通过合作社业务的轨迹来确认有关资金的使用，这是为了更好地发展合作社，防止合作社金库的“私有化”，这些设计是必需的。首要的是政府参与和支持，实现监管的行政规制。

双重委托经过长时间的运转后，入社人员在获得基本的收益分红外也能够获得超出产值的效益分红。但是，不同合作社的超产收益分红会有一定的区别（大部分是5∶5），合作社社员的基本收益分红并没有出现损失。可是农业作为靠天吃饭的产业，短短的几年时间可能未遇到天灾，但将来一定会有风不调、雨不顺的时候。当遇到自然灾害时（2008年到2011年的连续地震、每年开春的沙尘暴、每年的洪灾、几乎每年发生的泥石流，类似于2011年发生的9级龙卷风等），尤其是连续受损时，谁来保障入社农户的基本收益分享，这个问题值得研究。

（八）合作社由村干部兼任具有管理职能的董事长或监事长，要重点明确其担任的具体职责、权限和义务

村干部只能选举成为合作社的董事长或监事长的副职，并且明确其行使决策权的大小和投票的权重，由在社人员来担任正职并赋予较大的决策权力和投票权重，对于权力的分配和制衡具有促进的作用，对不作为的董事长和监事长具有监管和弹劾的权利，明确村干部自身要履行的工作职能，必须重点突出，在召开社员大会时可以随时改换。根据实际情况，村干部在合作社发展初期可以担任经纪人的职位，但要严格要求其任职年限，担任土地代理的数量是普通农户兼任经纪人的1/3。当合作社的总收入超过几百万元时，或整合两个合作社为一个时，在合作社的规章中必须严格规定村干部不能担任经纪人的职位。

(九)加大农村金融扶持力度

一是大力推进农村产权抵押融资,扩大农村产权抵押融资范围,探索将农机具及农地上的基础设施、生产设施以及种植养殖等生物资产纳入抵押范围。积极稳妥地推进农村承包土地经营权和农民住房财产权、农村集体经营性建设用地和土地收益权等抵押贷款试点。倡导金融机构对下乡返乡的英才提供他们需要的信贷产品,加强对纳入信用评价体系的返乡下乡人员的金融服务。返乡下乡人员创办小微企业,可申请用于创业的扶助贷款,市财政应该给予那些实施同期基准利率的放贷银行适当奖励;返乡下乡人员创办小微企业,符合条件的可以申请创业担保贷款,并可享受创业担保贷款财政贴息。担保机构为返乡下乡人员创办的中小企业和微型企业融资性贷款收取的担保费较低的,市财政应给予提供担保的机构以适当的补助。对于市属担保公司为中小企业和微型企业融资性贷款承担担保责任所收取的担保费率需有所控制。

二是统一规划各项为扶持创新创业而投入的资金,加大对下乡返乡创业人员的支持力度。在创业人员中普及财政支持政策,扩大对现代特色效益农业,民营经济发展,新型职业农民培育,农村第一、二、三产业融合发展,农业生产全程社会化服务,农产品加工,农村信息化建设等项目的财政和产业资金的支持,扩大资金扶持范围;财政支持覆盖到大学生、留学回国人员、科技人员、青年、妇女等返乡下乡创新创业人员。指导各类政府产业以市场化的方式将扶持创新创业的资金投入到满足要求的企业当中。根据符合产业布局的各创业园对地方财政方面所做的贡献和解决的就业问题等现状,市、区县两级用于扶持企业发展的财政专项资金对其配套服务设施的创建,按要求提供一些适当补助。对于正常运营一年以上的创业孵化企业和解决的就业人员数量,根据实际情况提供一定的补助,所需经费在区县就业专项资金中列支。

三是落实好定向减税和普遍性降费政策。返乡下乡人员创办的小微企业,享受小微企业税收扶持政策。对月销售额体量较小的增值税小规模纳税人(含个体工商户），免征收增值税；对符合条件的小微企业，减税率征收企业所得税；对年应纳税所得额较低的小微企业，其所得减少应纳税所得额，按税率减少征收企业所得税；地方财政以企业缴纳的所得税和增值税为依据对符合条件的新办微型企业和鼓励类中小企业适当地给予一些帮扶。对返乡下乡人员成为个体工商户、开办个人独资企业的，依法享受税收减免政策。将社保缴费优惠政策覆盖到返乡下乡创业创新企业。

（十）重构农村资本要素市场

对具有资本要素的农村市场，科学而合理地规划其发展方向，重新建构确立农村资本要素市场全面发展的认识，对农村资本要素市场的未来发展走向具有全面而合理的计划，按照市场化机制包括市场规则、市场价格、市场竞争等来创办要素交易舞台，完善要素交易准则，使得资源能够得到合理的使用，从而优化效率和效益。使管理体制具有一定的条理性，能够保证各要素市场的主体得到发展和壮大，对使要素市场专业化的中介服务机构提供一定的帮扶；保持农村资本要素市场发展制度的规范性，加快促进市场化发展的脚步，政府通过及时制定相应的政策来弥补市场的缺陷，能够最大限度地处理目前农村资本要素市场发展所面临的各种障碍，创建市场要素自由流通、敞开的市场体系；准确地消除阻碍资源区域性共享和流动的政策障碍，发挥市场配置和开发资源的优势。放宽农村资本要素市场准入，提高扶持力度，加快要素的流通和市场的开放，确保各类资本进入要素市场，保证各类经济主体加入要素市场建设，研究PPP模式（政府和社会资本合作模式），激励民营资本对各要素市场的创建贡献自己的力量，发挥主观能动性，创办各类市场主体和市场中介机构。

加强对国外著名中介组织的引进，主要解决阻碍中介组织为市场主体提供交易服务的问题；使各要素在中介组织的服务下加快其自身的流动和市场的开放；政府加大扶持力度。政府应提高要素市场中地区重点市场与市场交易关键领域的帮扶强度，根据各地方要素市场自身所具备的特质，拟定并且颁布相应的政策。根据相应的政策，工作思路上要与时俱进，把解决农村资本要素市场建设初期的资金瓶颈、人才瓶颈、进场资源瓶颈、管理模式瓶颈当作工作的核心。加强农村资本要素市场风险控制,充分借鉴国内外相关指标要素市场建设的内控管理经验,对业务流程、资金进出、人事任免规程、信息收集、发布流程当中容易出现风险的地方有充分的认知,并作为监管的重中之重,制定好应对风险的方法,实施权责、利益和惩戒相互关联的制度。等到流程运作完善之后,制定控制内部风险的操作手册。加强农村资本要素市场监管职能,是防止交易管理体制混乱、完善交易法规制度、促进交易过程公开透明的有力保障。

在新的形势下,随着农村指标要素市场交易范围的扩展,相关业务已经突破了理论范畴,定位要素交易业务中的监管职能,确立恰当的监管机构,是当前做好交易业务的重要保障。应进一步完善协同监管体制,健全风险防范体系。积极营造各类市场公平利用生产要素的平台,消除行业和地区的操纵和禁锢,使得商品和生产要素能够在全国市场实现快速而无限制的流通。政府应把发展农村要素市场作为首要政策,把要素市场中介放在首位,把政策信息中介当作枢纽,贯通城乡市场,保持人、财、物的相互连通,使得资源得到充分的安排和使用,使得乡村经济得到飞速提升。

首先,拟定相关法律,使农村资本要素市场中介服务具有法律的保护。例如,改善科技中介法律和政策环境,一点一滴地创建完整而又互联的科技中介法律法规体制,扩大科技中介的发展空间,促进市场化运转,加强市场纪律,确保市场发挥中介机构的作用,使混乱而又参差不齐的局面得到改变。

其次,通过制定相应的政策扫除乡村资本要素市场在发展中遇到的体制性弊端。为在外的成功英才给予广阔的市场环境,促进他们回乡发展;通过完善农村的金融产业体系来加强其核心竞争能力,以“打破垄断、经济合理、精简高效”为准则,有序地促进乡村金融供应的实力,把“规范灵活、做精做专、形式多样”作为促进非正规金融的正规化发展的纲要;通过降低准入要求来吸引民间资本,促进民间资本的流通,使乡村资本市场变得活跃,提升支农资金的实力等。

再次,厘清政府在资本要素市场的行政界限。改革要素市场具有与产品市场改革相同的本质,把市场化作为引导方向,调整市场中的行政垄断力量,使其规范化，使建立的市场竞争秩序变得井然有序和公平、公正。再一次明确在资本要素市场中的政府行事范畴，把“越界”举动消灭，把行政审批程序简单化，重新建构政府介入要素市场的力量机制、行事内容、加入方法和监管手段，使政府的“守夜人”角色和平等参与主体角色在制度的拟定和实施中淋漓尽致地展现出来。

根据双重委托—代理委托—代理土地股份合作社从创建到发展的整个过程，它的制度创新可以为粮油的现代化生产提供一个很好的学习范例，该范例将变成探讨合作社未来发展的出发点和关键，它能够把农业经济学、农业发展相关理论和新制度经济学制度创新理论最大限度地相互联系起来，可以成为中国农业经济科学等经济学领域的学者们一个非常有前景的研究方向，具有广阔的发展空间和潜力。所以，本书一方面倡导有关领域的专家们着重关注双重委托—代理委托—代理土地股份合作社的发展前景，以及结合该领域的理论知识来探索合作社在将来的发展中会出现的问题和解决这些问题的办法，以成都市的土地股份合作社为普及范例并且在学术界广泛推广；另一方面，向政府提议，除了财政补贴之外加大其他帮扶投入，特别是服务类的帮扶，如培训职业经纪人、管理合作社的经纪人以及普及现代农业模式等方面，不但能够促进新事物的快速发展，而且能确保国家粮食生产的战略安全，收获事半功倍的效果。双重委托—代理委托—代理模式，有效地确保了土地和粮田的合理使用，而且还使入社的农民对土地生产经营的基本收益和增值收益的获取有了明确的保障，同时使得土地经纪人的生产经营收益也具有充分的安全保障，保证了入社人员和经纪人之间各自获取的利益公平、公正，为改进传统的小作坊式的农业家庭承包经营制提供了新的思路，为土地低成本、高效积聚指明了新路径，同时，双重委托—代理委托—代理制度的创新也较为妥善地处理好了农村“三权”的相互关系，不断探索和丰富了“三权分置”的具体实现形式，充分发挥了保障农民土地权益的功效。

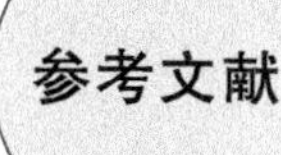

[1] 文迪波.还农村土地所有制形式的本来面目——国家土地所有制[J].农业经济问题,1987(8):49-51.

[2] 黄思骏.试析印度独立后的乡村发展计划[J].南亚研究,1988(2):34-43,3.

[3] 陆翔兴.乡村发展呼唤着地理学——关于开展我国乡村地理学研究的思考[J].人文地理,1989(1):1-7.

[4] 周诚.农业规模经营问题断想[J].中国农村经济,1989(4):27-28.

[5] 辜胜阻.中国城镇化的理论支点和发展观[J].农村经济与社会,1991(4):1-7,57.

[6] 刘盛和.我国周期性集市与乡村发展研究[J].经济地理,1991(1):79-84.

[7] 涂人猛.内源式乡村发展理论的渊源及发展[J].经济评论,1993(4):21-25.

[8] 马立国,冯继康.农村土地经营制度:历史变革与逻辑启示[J].徐州师范大学学报,1999(1):14-17.

[9] 赵丽珍.乡村城市化与可持续发展道路思考[J].云南社会科学,2000(S1):139-140.

[10] 韩俊.积极稳妥地推进农民承包土地经营权合理流转[J].农村经营管理,2003(3):15-16.

[11] 高慧琼,吴群,温修春.我国集体土地产权制度沿革及其评析[J].农村经济,2005(7):31-34.

[12] 蔡继明.统筹城乡发展中的土地制度改革[J].重庆工商大学学报(西部论坛),2009,19(6):1-6.

[13] 蒋占峰.我国农地产权制度创新与城镇化绩效研究[J].贵州社会科学,2009(1):81-84.

[14] 付坚强.土地空间权制度研究[D].南京:南京农业大学,2013.

[15] 罗必良.农业经营制度的理论轨迹及其方向创新:川省个案[J].改革,2014,(2):96-112.

[16] 贾康,程瑜,陈龙,等.中国新型城镇化进程中土地制度改革难题破解路径——基于深圳调研的报告[J].铜陵学院学报,2015,14(1):3-13.

[17] 杨宽欣.对我国农村土地所有制和土地经营制度的一些思考[J].农业经济,2015(8):101-102.

[18] 王敏,杜俊霖,王思懿.“下岗”到再“上岗”:农村土地抛荒治理机制创新研究[J].领导之友,2017(15):34-40.

[19] 桂华.农村土地制度与村民自治的关联分析——兼论村级治理的经济基础[J].政治学研究,2017(1):99-110,128.

[20] 宋立军.农村“三权分置”土地制度中的所有权、承包权与经营权[J].南方农业,2017,11(31):26-29.

[21] 张占耕.农村土地制度改革的方向研究[J].区域经济评论,2017(4):99-106.

[22] 唐忠,王晓睿.深化农村土地制度改革 完善承包地“三权”分置制度[J].农业经济与管理,2017(5):15-17.

[23] 党国英.乡村振兴规划须防止几种倾向[J].理论与当代,2018(11):56.

[24] 杨瑜婷,何建佳,刘举胜.“乡村振兴战略”背景下乡村旅游资源开发路径演化研究——基于演化博弈的视角[J].企业经济,2018(1):24-30.

[25] 谭鑫,王思惠.农业供给侧结构性改革为振兴乡村增动力[J].社会主义论坛,2018(3):13-14.

[26] 刘升.嵌入性振兴:乡村振兴的一种路径——以贵州米村为研究对象[J].贵州大学学报(社会科学版),2018,36(3):135-142.

[27] 熊小林.聚焦乡村振兴战略 探究农业农村现代化方略——“乡村振兴战略研讨会”会议综述[J].中国农村经济,2018(1):138-143.

[28] 詹国辉,张新文.名声效应、重复博弈与农村集体行动[J].中国农业大学学报,2018,23(6):210-218.

[29] 周立.乡村振兴战略与中国的百年乡村振兴实践[J].人民论坛·学术前沿,2018(3):6-13.

[30] 郑瑞强,翁贞林,黄季焜.乡村振兴战略:城乡融合、要素配置与制度安排——“新时代实施乡村振兴战略与深入推进农业供给侧结构性改革”高峰论坛综述[J].农林经济管理学报,2018,17(1):1-6.

[31] 张军.乡村价值定位与乡村振兴[J].社会科学文摘,2018(7):9-12.

[32] 叶兴庆.新时代中国乡村振兴战略论纲[J].改革,2018(1):65-73.

[33] 郭翔宇.深化农村改革是实现乡村振兴的题中之义[J].当代党员,2018(3):25.

[34] 李国祥.实现乡村产业兴旺必须正确认识和处理的若干重大关系[J].中州学刊,2018(1):32-38.

[35] 王亚辉,李秀彬,辛良杰,等.中国土地流转的区域差异及其影响因素——基于2003—2013年农村固定观察点数据[J].地理学报,2018,73(3):487-502.

[36] 程宪波,杨子生.中国耕地抛荒研究进展与展望[J].湖北农业科学,2018,57(7):11-15,31.

[37] 陈锡文.从乡村改革四十年看乡村振兴战略的提出[J].行政管理改革,2018(4):4-10.